HACKEN UW LOTSBESTEMMING

Karl Lillrud

ISBN: 978-1-951503-19-2 (e-boek)

ISBN: 978-1-951503-18-5 (paperback)

Invoering

Waarom je dit boek zou moeten lezen en waar
het over gaat:

Dit boek gaat over de zoektocht van een ondernemer naar antwoorden; antwoorden die, wanneer ernaar gevraagd en nagedacht wordt, in jezelf gevonden kunnen worden. Ik geloof dat je ervan zult genieten, ongeacht wie je bent en op welke plaats je in je leven bent.

Het is geschreven om u, de lezer, te inspireren en op te leiden om ondersteunend, competitief, uitdagend en leuk te zijn. Het geeft je een nieuw perspectief op het leven en ik verzeker je dat je leert hoe je kunt verbeteren en meer uit je leven kunt halen.

Waarom ik dit boek schreef:

Het begon allemaal met een besloten gemeenschapsgesprek voor ondernemers genaamd 'Zynergy talks'. In mijn zoektocht om een toespraak te schrijven over 'out-of-the-box'-denken, merkte ik dat ik wild doorzeefd was met diepe gevoelens en vragen; voortdurend ruzie met mezelf terwijl ik op zoek was naar antwoorden. In plaats van de dingen gewoon te accepteren zoals ze waren en verder te gaan zoals de meeste mensen die ik ken, begon ik terug te denken aan mijn leven om erachter te komen waarom ik zo werkte.

Mijn aanvankelijke doel met dit boek was om meer over mezelf te weten te komen, maar ik realiseerde me al snel dat er zoveel meer was dat van waarde kan zijn voor een groter publiek dan slechts één persoon. Waarom zou ik moeite hebben om antwoorden te vinden en dan al mijn bevindingen voor mezelf te houden als het van waarde kan zijn voor andere mensen?

In dit boek zal ik meer uitleggen over hoe ik dit heb gedaan en hoe je in mijn voetsporen kunt treden om antwoorden te vinden op de vragen die je op je schouders draagt. Leer meer over uzelf, ontdek waarom u werkt zoals u doet, waarom u de beslissingen neemt die u maakt en hoe u het in de toekomst nog beter kunt doen door te weten welke specifieke en unieke functies en capaciteiten u bezit.

Maar boeken moeten interessant, leerzaam, verrassend, inspirerend zijn en ook een duidelijk pad hebben of de zogenaamde 'dunne rode lijn' volgen. Zorg bij voorkeur ook voor een structuur waardoor de hoofdstukken goed op elkaar aansluiten.

Net als in de winter, wanneer de regendruppels die uit de lucht vallen in sneeuw veranderen en elke sneeuwvlok zich in een unieke vorm vormt, wilde ik iets unieks doen; iets dat gemakkelijker te verteren en te gebruiken is. Ik besloot dit boek te schrijven op een manier die het beste bij mij past en niet zoals verwacht. Ik schreef alles wat in me opkwam en koos vervolgens de delen uit waarvan ik dacht dat ze voor jou als lezer interessant zouden zijn.

Naast het nadenken, heb ik me altijd bezig gehouden om mezelf elke dag voor te bereiden op mijn volgende uitdaging door onderwerpgerelateerde boeken te lezen die ik interessant vind. Ik heb ook genoten en ben vaak geïnspireerd geraakt door de verschillende lezingen op de bekende

site TED.com en heb zelfs meerdere keren opgetreden op het TEDx-podium met mijn eigen TEDx-lezingen.

Als je ze wilt zien, ga dan gewoon naar www.KarlLillrud.com en abonneer je op de nieuwsfeed om te weten waar ik de volgende keer spreek en om de opgenomen presentaties te zien.

[GLUE:] First vs Last impression

Als eerste oefening van dit boek wil ik dat je het volgende doet. Bekijk deze afbeelding en probeer een lijst met opsommingstekens te schrijven van 5-10 punten die de persoon in de afbeelding beschrijven.

Schrijf de eerste gedachte op die in je opkomt en overdrijf het niet; laat je innerlijke stem gewoon tot je spreken en schrijf het op. Bewaar dit als een stuk papier in het boek of maak een foto van wat je zojuist hebt opgeschreven, want daar komen we later in het boek op terug.

Beginnen

Schrijf je eigen boek

Hoe ik dit boek heb geschreven

Geen grenzen

De structuur

Schrijf je eigen boek:

Q. Hoe kan ik alles wat ik heb geleerd delen en de wereld
   inspireren?

Mijn gedachten hierover:

Toen ik dit boek begon te schrijven, besprak ik dit project met een
vriend van mij. Na slechts een paar woorden hield hij me echter
tegen om te zeggen dat hij zelf zou gaan werken aan het schrijven
van een boek en dat er een paar dingen waren waar ik het over had
die misschien ook in zijn boek zouden komen. Hij wilde er zeker
van zijn dat ik, terwijl hij over soortgelijke dingen zou schrijven,
later niet het gevoel zou hebben dat hij uit mijn boek had
gekopieerd.

Ik vertelde hem meteen dat ik vereerd zou zijn als mijn gedachten
hem zouden inspireren en versterken. Ik hoop echt dat iedereen
die dit boek leest, overweegt om je eigen boek te schrijven. Ik zal
je zelfs helpen aan de slag te gaan met je eigen boek door mijn
methoden te delen tijdens de reis van dit boek.

We hebben het nog niet over het publiceren van het boek. Dat is iets
dat later komt als je zelfs maar denkt dat dat iets voor jou is. Begin
in plaats daarvan met het schrijven van uw vragen en gedachten en u
zult zien hoe de dingen waar u al jaren over nadenkt, beginnen te
structureren en in volgorde gaan staan. Je zult versteld staan als je
merkt dat je geest minder rommelig wordt en je begint te werken als
eengoed geoliede motor.

[LIJM:]

Probeer eerst enkele vragen te vinden die je misschien voor jezelf hebt gehouden of vragen die je misschien nog niet eens aan jezelf hebt gesteld zonder je op de antwoorden te concentreren. Probeer het eens. Begin met één ding na te denken.

Laten we beginnen met een paar eenvoudige voorbeelden:
1.   *Hoe vind je meer inspiratie?*

- *Verander uw route naar huis van uw werk om andere indrukken in uw dagelijks leven te hebben?*

2. Wat zijn jouw comfortzones? Welke stappen wilde je altijd nemen, maar was je bang om dat te doen?
- *Je baan opzeggen om te doen waar je altijd al van gedroomd hebt?*
- *Start je eigen bedrijf?*
- *Zoek uit wat jou anders maakt dan andere mensen?*
- *Leren om iets te doen waar je nooit aan had gedacht?*

3.   *Wat heeft u in de positie gebracht waarin u zich vandaag bevindt?*

- *Met welke omstandigheden bent u geconfronteerd en hoe heeft u ervoor gekozen om hiermee om te gaan?*

4.   *Waarom ben je geëvolueerd van een kind tot de persoon die je nu bent?*
- *Was het je familie, je vrienden, het gebied waarin je bent opgegroeid, de manier waarop je je leven hebt geleefd of iets heel anders?*

5.   *Welke beslissingen heb je genomen die de grootste impact hebben gehad op hoe je leven is geëvolueerd, en waarom heb je die beslissingen genomen?*
- *Hoe hebben de keuzes de echte jij gevormd?*

De vragen waar ik het in deze fase over heb, gaan over jou en je eigen leven. Als je eenmaal bent begonnen, zul je merken hoe gemakkelijk de dingen als een rivier vanuit je hoofd beginnen te stromen.

En je zult snel merken dat je een gevoel van ontspanning begint te voelen terwijl je je eigen vragen beantwoordt.

'Denk er eens over na, de antwoorden zitten in je.'

-Karl Lillrud

U zult snel de voordelen zien van deze oefening, net als ik.

Hoe ik dit boek schreef:

Na het uitvoeren van de bovenstaande oefening, zou u moeten kunnen waarderen wat ik met de voorgaande paragrafen bedoelde. Ervan uitgaande dat het voor u net zo prettig zal zijn als voor mij, kan ik niet wachten om meer van deze praktijken met u te delen terwijl u dit boek doorneemt. Laat me je om te beginnen vertellen hoe ik dit boek heb geschreven.

Een paar jaar geleden, om precies te zijn toen ik 19 jaar oud was, leerde ik over een software genaamd MindManager van Mindjet. Dit was de eerste keer dat ik software tegenkwam waarmee ik mijn gedachten in een zwevende structuur kon opschrijven, precies zoals ze in mijn gedachten zweefden. Het was perfect voor mijn behoeften en mijn manier van werken om mijn ideeën te structureren; en ik leerde dat deze manier van structuren maken mindmapping wordt genoemd.

Mindjet.com en mindmeister.com zijn beide erg handig in het maken van mindmaps, en als je een van beide gaat gebruiken, zul je merken dat ze in veel situaties van pas kunnen komen. Het is aan jou om uit te zoeken hoe je er het beste gebruik van kunt maken.

Geen grenzen.
Voor dit boek heb ik ervoor gekozen om met mindmaps te werken, omdat ik gemakkelijk de verschillende alinea's en ideeën kon slepen en neerzetten om de structuur op te bouwen waarnaar ik op zoek was, en ik heb de hoofdstukken opgebouwd op een manier die ik voelde gaf het beste resultaat. Zo verscheen uiteindelijk de rode lijn.

Ik kan dan door het boek bladeren, net zoals ik door mijn gedachten ga. Het is als een wereldkaart, of eigenlijk meer als een sterrenkaart die hoofdstukken (sterrenstelsels) en bewegende kolommen (planeten) tussen de hoofdstukken verbindt, zodat je het hele boek visueel als een schilderij kunt zien, en niet als een document.

De structuur:-

Ik zie de hoofdstukken als lagen, de ene laag op de andere die uiteindelijk iets zal creëren dat ongelooflijk sterk is, de nieuwe jij! Om het hoofdstuk dat je leest nog sterker te maken, heb ik enkele oefeningen gedaan. Om een beeld in je hoofd te schilderen, noem ik ze de "lijm" waardoor de lagen aan elkaar plakken om een solide structuur te bouwen die je elke dag mee kunt nemen als een helpende hand in de vele levenssituaties. Op de vorige pagina's ben je al twee van deze oefeningen tegengekomen.

De lijm is bedoeld om je te vertragen, even te stoppen en je aan het denken te zetten over wat je zojuist hebt gelezen, zodat je geest het kan omzetten van een gedachte naar een herinnering die bij je situatie past.

Ik vertel meer over de methode om je geest beter te gebruiken in mijn tweede TEDx-lezing die je op mijn website kunt vinden. De lijm is er ook om je verschillende gebieden zelf te laten onderzoeken.

Ik heb persoonlijk een soortgelijke reis gemaakt als u op het punt staat aan te vangen terwijl u andere boeken leest met tips en oefeningen zoals deze. Als ik naar de audioversie van een boek luister, rijd ik normaal gesproken of doe ik een andere taak en mijn handen zijn bezig met andere dingen en daarom is het niet geschikt om deze oefeningen te doen. Dus ik doe net of ik het later zal doen, maar ik weet maar al te goed dat dat niet gaat gebeuren. En daardoor mis ik enkele van de goodies in de boeken, en wat nog belangrijker is, ik slaag er niet in de gedachte om te zetten in een herinnering, waardoor het minder waarschijnlijk is dat ik kan gebruiken wat ik heb geleerd in de situaties waarin ik het het meest nodig heb .

Ik geloof dat als je een aantal van de 'lijm'-oefeningen probeert te doen, je ze van onschatbare waarde zult vinden. Ik hoop echt dat je de tijd vindt om deze oefeningen te doen en je beter gaat bezighouden.

[LIJM:]

Leer elke dag iets nieuws.

Aan het einde van je dag, terwijl je gaat slapen, zeg dan hardop:
"Vandaag heb ik geleerd ..."

In het begin kunnen de mensen met wie je samenleeft je misschien
een beetje grappig aankijken, maar je zult zien dat ook zij snel
genoeg deze oefening zullen volgen. Ik kwam jaren geleden met
dit idee om ervoor te zorgen dat ik elke dag iets nieuws leerde.

Nadat je klaar bent met school of universiteit, denk je niet echt na
over het dagelijks leren van nieuwe dingen. Je dag zit vol met alle
dingen die je moet doen, waardoor je de dingen die je onderweg
leert vergeet. Je krijgt geen tijd om deze nieuwe kennis te
koesteren. Maar door deze eenvoudige oefening te doen, verdien
je elke dag het gevoel van succes, en dat is het gevoel dat je naar
nieuwe hoogten duwt.

Ik verzeker je dat je je al na een week jonger en gelukkiger zult
voelen.

Als u het ingewikkeld vindt, neem dan contact met mij op en ik
zal u persoonlijk coachen om hiermee aan de slag te gaan voordat
u elke dag gaat slapen.

Als je dit doet, sluit je je dag af met een gevoel van succes en
bereidt je onderbewustzijn je voor op het bereiken van nog hogere
doelen voor morgen.

"Vandaag heb ik geleerd..."

TWEEDE DEEL
Mijn vroege jaren

Outside-the-box denken
Door te oefenen word je beter
Outside-the-box denken:

Q: Waarom en hoe heb ik een ander pad gekozen dan de mensen om me heen?

Om te kunnen 'denken buiten de kaders', is het belangrijk om te weten wat de 'kisten' zijn. Ik noem het de voorschriften of het hek dat ons tegenhoudt. De doos is de muur die bestaat uit alle dingen die ons door de jaren heen zijn verteld, over hoe de dingen zijn, of hoe je een taak moet uitvoeren of niet. Simpel gezegd, de doos is alles wat ons ervan weerhoudt om iets te doen wat niet mag.

Als je je aan de regels houdt, is de kans groot dat je niet verder komt dan wat ze toestaan en dat je nooit verder komt, of er sneller komt of succesvoller wordt dan de regels toelaten. Omdat u geen concurrentievoordeel heeft.

Mijn gedachten hierover:

Voor mij waren de muren de uitdagingen waar ik voor stond vanwege mijn dyslexie. Ik ging ongeveer 8 jaar naar school voordat ik hulp kreeg bij mijn dyslexie, en al op jonge leeftijd ontdekte ik dat ik niet tot dezelfde conclusies kwam als alle anderen in mijn klas. De manier waarop leraren me probeerden les te geven, was gewoon niet geschikt voor mij.

Leren door gewoon te luisteren was moeilijk of bijna dom, en toen iemand me vertelde hoe iets zou moeten zijn, was het voor mij niet zo gemakkelijk om te verteren en te accepteren wat de leraar zei, in tegenstelling tot mijn klasgenoten.

Voor mij was het gemakkelijker om te leren door het echt te begrijpen, het zogenaamde "leren door te doen" en uiteindelijk had ik niet alleen een dieper begrip van het onderwerp zelf, maar ook van de dingen die dat onderwerp omringen. Hierdoor begreep ik de hele ruimte en de afhankelijkheden van hoe dingen met elkaar zijn verbonden.

samen, in plaats van alleen mijn begrip te beperken op basis van wat mij door de leraren is geleerd. Mijn succes kwam niet van het opsluiten van regels die me ervan weerhielden de volledige breedte te begrijpen en, belangrijker nog, me ervan weerhielden buiten de gebaande paden te denken.

'*Beperkingen maken je concurrentievoordeel minder.*'

We krijgen allemaal keuzes op school. Het is ons misschien niet zo duidelijk, maar in principe is het om rechts of links te kiezen.

Ik koos niet rechts of links, ik koos mijn eigen weg.

Tot op zekere hoogte ging het er ook om mezelf te bewijzen dat het mogelijk is; dat wat mensen zeiden onmogelijk was, feitelijk haalbaar is, en dat het gegeven pad of het gereguleerde pad niet de enige methode is om het gewenste resultaat te bereiken.

Ik ben net als de meeste andere mensen opgegroeid met mensen waar ik naar opkeek, zoals mijn vader en mijn grootvaders. Ze waren allemaal succesvol binnen hun vakgebied. Maar het verschil tussen hen en mij was dat ze "intelligent" waren, en ik had op school geleerd dat ik duidelijk niet "intelligent" was omdat ik geen "kennis" kon vergaren zoals de mensen om me heen.

Toen ik een kind was, was mijn (verkeerde) perceptie van 'intelligentie' dat als je dingen zoals de andere kinderen kon onthouden en goede scores of cijfers kon halen, je intelligent was. Dit omvatte dingen die ze op school leerden, zoals hoeveel koningen Zweden heeft gehad en wanneer ze stierven. Ik heb tot op de dag van vandaag geen idee wanneer een enkele koning werd geboren of wanneer ze stierven.

Als kind met een beperkte manier om dingen aan mezelf uit te leggen, gebruikte ik een van de gemakkelijkste manieren om deze handicap aan mezelf uit te leggen. Ik vond mezelf 'stom', omdat ik dit soort dingen niet op dezelfde manier kon onthouden als de kinderen om me heen.

Maar ik kon veel kennis opdoen op manieren en gebieden die voor mij relevant waren, dingen die ik logisch vond en dingen die me interesseerden en inspireerden. Toen en alleen dan, toen ik een betekenis vond om die kennis met me mee te dragen, gingen de deuren open om het op te nemen in mijn mentale bibliotheek.

Het verbaasde me echter dat ik zoveel moeite had met het opnemen van de andere soorten kennis. Vaak behaalde ik lage scores bij de tests op scholen en stond ik bijna aan de "slechte" kant al die keren dat we cijfers of testresultaten kregen. En we weten allemaal dat "slecht" het tegenovergestelde is van "goed" en voor een kind kunnen goed en slecht heel gemakkelijk worden vertaald in slim versus dom.

Omdat ik niet de tools heb gekregen of geleerd die bij mijn manier van denken en werken passen, kun je je voorstellen wat dat met mijn zelfvertrouwen als kind heeft gedaan.

Terwijl ik dit boek aan het schrijven was, heb ik veel in mezelf gezocht en de herinneringen aan mijn leven doorgenomen, en ik vond nog een bron van mijn manier van denken.

Als kind leerde mijn vader me het belang van het begrijpen van de regels van elk spel. Dit begrip heeft mij op zoveel gebieden gevormd en gevormd dat ik het zelf niet eens kan begrijpen. Hoe meer u de regels begrijpt, hoe beter u uw tegenstanders te slim af bent. Als u de diepten en

limieten begrijpt, kunt u ook omleidingen maken met relatief minder risico, waardoor u een superieure voorsprong krijgt.

Ik maakte als kind deel uit van de Scouts en daar kon ik dit begrip toepassen. We hebben veel tegen andere teams gestreden; het was altijd een spel, maar met grote interesse om te winnen. Op dat moment leerde ik echt mazen in regels te vinden die me een voordeel zouden opleveren.

Van tijd tot tijd waren er wedstrijden waarbij de regels werden geschreven op een manier die we moesten interpreteren om andere mogelijkheden te vinden, wat ook een bron is van mijn alternatieve manier van denken. Ik begreep dat regels met opzet zijn geschreven om ons weg te houden van specifieke paden of om ons op een bepaald pad te leiden, of misschien om ons te helpen door ons het momenteel bekende beste pad te laten zien.

Het probleem is echter dat het het "momenteel bekendste pad" is, en naarmate de tijd verstrijkt, verandert alles langzaam maar blijven de regels hetzelfde.

Ik heb mijn vader veel te danken, maar als mij werd gevraagd om slechts een van de beste tools in mijn gereedschapskist uit te kiezen, is het de mogelijkheid om te durven kijken waar anderen dat niet doen, en tussen de regels door te lezen.

*"Naarmate de tijd
verstrijkt, evolueren de
dingen, maar de regels
blijven hetzelfde ..."*

Door te oefenen word je beter:

Q: Hoe kan ik mezelf verbeteren?

Mijn gedachten hierover:

Als kind dat worstelde met scholing en probeerde te begrijpen hoe ik informatie voor mezelf moest verwerken, had ik de behoefte om mezelf te verbeteren. Ik begon deze zoektocht met kleine dingen, maar voordat ik het wist, probeerde ik mezelf te verbeteren in alles wat ik deed. Ik zou nadenken over wat de conventionele methode is om een taak uit te voeren, en zou vaak proberen een alternatieve manier te vinden om het doel sneller of efficiënter te bereiken.

We hebben het allemaal al eerder gehoord, maar het is op zoveel manieren waar. Door dingen te doen waarvan je niet voelt dat ze binnen je comfortzone vallen, of misschien zelfs dingen waarvan je bang bent om te doen, evolueer je. Hoewel het natuurlijk is dat mensen het onbekende vrezen, zal het jezelf uitdagen helpen om jezelf te verbeteren en meer over jezelf te weten te komen. Je leert ook hoe je je aanpast aan de situatie en, nog belangrijker, evolueert.

In deze situaties haal je het meeste uit het leven.

Voorbeeld: Laten we zeggen dat je je leven elke dag in exact hetzelfde patroon leeft.

Met dezelfde bus naar het werk, elke dag met dezelfde collega's praten, elke dag hetzelfde soort eten eten in de lunchroom, elke dag naar hetzelfde soort tv-programma's kijken, tegelijkertijd gaan slapen en dan wakker worden om 's morgens dezelfde tijd om het proces nog een keer te herhalen. Welke nieuwe indrukken, welke inspiratie en welke nieuwe antwoorden vond je in dit (misschien) overdreven gewone leven?

Mijn doel is om te vertellen hoe ik mijn manier van werken veranderde, van accepteren tot vragen stellen, zelfs de dingen die al eerder door mij of iemand anders zijn beantwoord of bewezen. Er zijn zoveel dingen die ik heb geleerd die op een specifieke manier kunnen worden gedaan, maar ik realiseerde me dat er vaker wel dan niet meerdere manieren zijn om datzelfde doel te bereiken. Die ene manier om iets te doen, dat we tegenwoordig kennen, hoeft niet de beste manier te zijn. Naarmate de tijd verstrijkt en de dingen veranderen, lijkt het logisch dat dingen verkeerd doen. Het pad met de meeste threads is niet noodzakelijk het enige of zelfs het beste pad naar de bestemming; het wordt gewoon het meest gebruikt omdat mensen zich vertrouwd voelen met vertrouwdheid,

Met de tools en ervaring die ons ter beschikking staan, kunnen we bijna altijd dingen slimmer, beter en efficiënter doen. Dit opent nieuwe mogelijkheden en ontdekkingen en misschien vinden we zelfs verborgen oplossingen voor onze bestaande problemen.

Tweede voorbeeld: Laat me je nog een voorbeeld geven waar de meeste mensen zich waarschijnlijk mee kunnen identificeren. Jaren geleden heb je geleerd hoe je je schoenveters kunt strikken. Je gelooft waarschijnlijk dat je het, nadat je het duizenden keren in je leven hebt gedaan, het sneller en perfect kunt doen.

Maar wat je toen leerde, werd nooit in twijfel getrokken, omdat je als kind luisterde naar iedereen die je het ene na het andere leerde, zoals in dit voorbeeld over hoe je je schoenveters kunt strikken.

Als ik je zou vertellen dat er een manier is om het zowel sneller als beter te doen, zou je het dan doen?

Ik ben ervan overtuigd dat je weet hoe je je veters moet strikken en dat je als kind hebt geleerd hoe je dat moet doen.

Dit is de snellere en sterkere manier die ik heb geleerd.

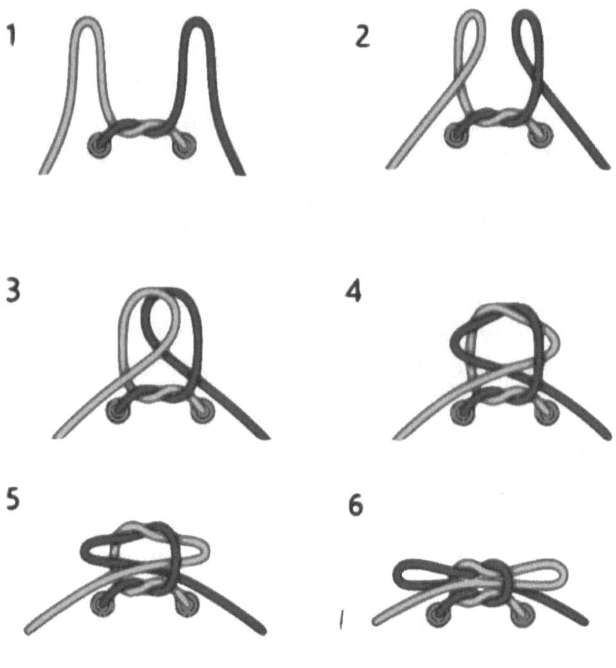

Deze nieuwe en verbeterde manier om je schoenen te binden, die je tijd zal besparen, de knoop zal er perfecter uitzien en die knoop beter, rechter en sterker op zijn plaats houden.

Ga naar www.KarlLillrud.com om een video te zien waarin ik de exacte stappen uitleg, zodat u deze eerste stap kunt zetten en uzelf kunt verbeteren door te leren hoe u de manier waarop u uw schoenen knoopt kunt verbeteren.

*'Het pad dat het meest
wordt bewandeld, is niet
noodzakelijk het enige, of
zelfs het
beste pad. '*

Derde sectie:

Jezelf kennen en erbeteren

Geluk Coupons
De onmogelijke geschiedenis

outside-the-box denken
Outsourcing, een team samenstellen en andere alternatieve oplossingen
Doe waar ik goed in ben
Hoe u uw gedachten kunt beheren
Weten hoe je feiten kunt onderscheiden

valse informatie

Geluk Coupons:

Q: Waarom behandel ik geld niet zo heilig als andere mensen?

Mijn gedachten hierover:

Ik heb, zoals de meeste mensen, bij bedrijven gewerkt en met taken die ik niet altijd interessant of leuk vond; in feite taken uitvoeren die toen gewoon een taak waren die gedaan moest worden.

Op dat moment had ik geen geldproblemen. Hoewel ik een goed salaris had, was dat niet alles. Ik had een plan voor geldbeheer waarmee ik een status kon behouden waarin ik me geen zorgen hoefde te maken over geld. Ik wist hoe ik mijn uitgaven moest structureren op basis van wat beschikbaar was, en dat zorgde ervoor dat ik me op geen enkel moment zorgen hoefde te maken over geld.

Voorbeeld: Omdat ik had gezien dat veel mensen in deze samenleving zich begonnen te concentreren op het vergaren van rijkdom, en in het proces langzaam een tunnelvisie voor rijkdom ontwikkelden, besloot ik dit hele systeem vanuit een ander perspectief te bekijken. Ik begon geld 'geluksbonnen' te noemen, en dat beviel me toen erg goed.

Laat me uitleggen hoe het voor mij werkte, en er was veel denkproces bij betrokken. Het was niet alleen een nieuw type valuta, maar een nieuwe manier om naar geld te kijken.

Dit sluit aan bij mijn overtuiging dat we onze kinderen moeten inspireren om overal nieuwe mogelijkheden te vinden, in plaats van ze altijd de weg te wijzen. Leg hun het concept uit dat sommige mensen bereid zijn te betalen voor klusjes die je gemakkelijk vindt, maar die ze moeilijk vinden of die ze gewoon niet leuk vinden. Stel vervolgens een prijs op en bespreek de prijs met de klant om meer te weten te komen over de juiste prijsstelling.

Als dat het geval is, overweeg dan om hen het concept van terugkerende klanten en abonnementsmodellen te leren. Als je dit goed doet, zullen ze snel merken dat ze niet alleen een oplossing of een product verkopen voor een prijs die voor de klanten en voor hen acceptabel is, maar ook dat ze hun tijd verkopen. Hierdoor zullen ze op jonge leeftijd leren over de waarde van tijd en hoe ze de beperkte tijd die we op deze planeet kunnen besteden, optimaal kunnen benutten.

Toen ik aan het werk ging, gaf ik een deel van mijn "tijd" op. Je kunt het zien als ik een deel van mijn tijd aan de werkgever heb verkocht tegen een prijs die voor mij redelijk was. Ik gaf een 'x' hoeveelheid tijd op en in ruil daarvoor werd ik beloond met kortingsbonnen (geld) die ik gelukscoupons noem.

Zonder deze waardebonnen zou ik me niet zo gelukkig voelen, omdat ik het me dan niet kon veroorloven om een huis te hebben, eten of kleding te kopen. Dus zoals ik het zag, had ik twee opties.

Ik zou grote hoeveelheden van mijn tijd of een groot deel van mijn werkcapaciteit kunnen opgeven (aangezien sommige banen meer betalen voor uitdagendere taken) en beloond worden met grote hoeveelheden van deze kortingsbonnen die ik mogelijk zou kunnen veranderen in een grotere hoeveelheid geluk later.

Of ik zou minder van mijn tijd kunnen opgeven en beloond worden met minder gelukscoupons, en die paar coupons kunnen veranderen in iets dat mij een kleinere hoeveelheid geluk zou geven.

Begrijp me niet verkeerd, ik ben ervan overtuigd dat het leven niet alleen om geld draait, maar we moeten ook leren onze tijd op de juiste manier te waarderen. Anders wordt het moeilijk te begrijpen hoeveel beloning we zouden moeten verwachten voor een bepaalde hoeveelheid tijd die we aan het werk hebben besteed.

Bepaal wat u wilt en besef vervolgens wat u moet doen om daar te komen.

"Geef geen les over onmogelijkheden, inspireer om nieuwe mogelijkheden te vinden"

[LIJM:]

Houd rekening met de levensstijl die u voor uzelf wilt, probeer te berekenen hoeveel geld u voor uzelf nodig heeft en probeer de dingen op te sommen waarvoor u geld nodig heeft, en sorteer die lijst vervolgens in afnemende prioriteit.

Het is duidelijk dat als u een gezin of partner heeft met een gedeelde economie, u een uitgebreidere lijst moet schrijven.

Voorbeeld: Dit zijn de belangrijkste gebieden waar coupons voor geluk vereist zijn:

- Huisvesting
- Transport
- Eten
- Gezondheid (sportschool en andere activiteiten)
- Verzekeringen
- Pensioensparen
- Leuke dingen
- Vakantie
- Maandelijkse besparingen
- Coupons uit.

Schrijf nu op hoeveel één werkdag u waard is.
= Coupons in.
Laten we aannemen dat een werkmaand uit 22 werkdagen bestaat.
22 * Coupons in ≥ Coupons uit. (Dit zou idealiter het resultaat moeten zijn.)
Klopte uw berekening zoals verwacht?

In de vorige hoofdstukken spraken we over hoe kleine veranderingen in veel dingen tot een grotere impact kunnen leiden. Pas nu de methode toe die je hebt geleerd om in

verschillende delen van je leven veranderingen aan te brengen die je beetje bij beetje naar je doel kunnen
brengen. Je zult zien dat als je doorgaat met deze kleine veranderingen, het een enorme verandering in je leven kan veroorzaken. Het doel van deze oefening is niet om je op wat voor manier dan ook onzeker te maken over je financiën, maar om jezelf bewust te maken van je behoeften en je er van tevoren op voor te bereiden.

'Identificeer wat je willen, en besef dan wat je moet doen om daar te komen. '

De onmogelijke geschiedenis

Ik was uitgenodigd in Frankrijk om een TEDx-lezing te houden over het onderwerp "Onmogelijk".

Ik was gevleid maar wist dat ik zoveel over dit onderwerp te vertellen had, want ik heb mijn hele leven het onmogelijke gedaan.

Terwijl ik me aan het voorbereiden was, deed ik wat onderzoek en kwam ik erachter dat het woord "onmogelijk" eigenlijk voor het eerst in de geschiedenis werd gebruikt in Frankrijk, waar ik zou spreken.

Het werd al in de 14e eeuw gebruikt en is sindsdien in de meeste talen vertaald om iets uit te leggen dat niet mogelijk is, toch?

Nee niet echt; volgens mij toch. Zoals ik het zie, legt het uit, niet iets dat niet kan worden gedaan, maar eerder iets waarvan de persoon die het woord gebruikt niet weet hoe hij het moet doen.
Laten we een voorbeeld bekijken:-

Als ik naar Buzz Aldrin zou lopen en zou zeggen dat het onmogelijk is om op de maan te lopen, zou hij antwoorden dat het helemaal niet onmogelijk is.

Als ik je zou vragen of het onmogelijk is om 20 minuten in bevroren water te zwemmen, zou je waarschijnlijk zeggen dat het onmogelijk is; toch weet ik zeker dat dit niet zo is, zoals ik het al jaren doe. Als je dat nu weet, overweeg het dan de volgende keer dat je iemand het woord 'onmogelijk' hoort gebruiken en denk echt twee keer na voordat je het alleen gebruikt. Probeer ook het woord onmogelijk niet te gebruiken als je met kinderen praat. Ze moeten hun inspiratie behouden en zelf leren waar hun beperkingen liggen en niet door ons als volwassenen worden neergezet.

Als iemand die van uitdagingen houdt, zal ik je vertellen hoe ik probeer het onmogelijke mogelijk te maken.

Nadat we een doel hebben overwogen, laten we zeggen dat we het onderverdelen in 100 verschillende elementen. Alle 100 elementen zijn misschien nog niet oplosbaar, maar laten we zeggen dat 95 van de 100 elementen oplosbaar zijn. Waarschijnlijk zijn er meer dan 50 eigenlijk gemakkelijk op te lossen. Als je naar de 95 elementen kijkt, zie je waarschijnlijk ~ 5 die je bij nader inzien niet eens hoeft op te lossen om naar het doel toe te werken.

In plaats van je te concentreren op de 5 die je nog niet weet op te lossen, zorg je er gewoon voor dat je alle ~ 90 oplost die je kunt oplossen. Als dat is gebeurd, laten we de 5 die nog over zijn nog eens bekijken.

Terwijl u bezig bent met het uitvoeren van die 90 taken, zult u zich waarschijnlijk realiseren dat u enkele bochten zou kunnen snijden en ervoor kunt kiezen om sommige nog niet te doen.

Als je nu 90 van de taken hebt gedaan, kijk dan opnieuw naar de taken die nog over zijn. Moet u nog steeds alle 5 taken uitvoeren die eerder waren gereserveerd?

Waarschijnlijk zijn de dingen veranderd en zult u merken dat een paar van die taken niet langer nodig zijn.

Over de noodzakelijke, bekijk ze één voor één en verdeel ze in kleinere delen. Laten we zeggen dat ze allemaal in 10 taken kunnen worden verdeeld. Je hebt nu weer 50 taken. Herhaal dezelfde oefening nogmaals met deze 50 deze keer. Nogmaals, je zult een aantal taken vinden waarvan je denkt dat je ze eigenlijk niet meer hoeft te doen. In het begin had je 5 onmogelijke elementen, maar nu heb je er 50 waarvan ik er 100% zeker van ben dat er veel zijn die je nu weet op te lossen. Vooral omdat je nieuw inzicht hebt door het oplossen van de 90 eerdere taken.

Door deze methode te volgen, heb je in een mum van tijd je onmogelijke taak gedaan.

In sommige gevallen kan het moeilijk zijn om enkele elementen op te splitsen tot 10 nieuwe onderdelen, dus stel in die gevallen een andere vraag. Wat kan er nog meer hetzelfde resultaat opleveren als dit ene element oplevert of op welke andere manier kunt u een soortgelijk resultaat bereiken?

Doe dat keer op keer totdat je eindelijk geen elementen meer hebt om op te lossen. Je hebt nu het onmogelijke gedaan en bezit nu een groot, alomvattend begrip.

Gefeliciteerd! Je weet nu hoe je het zogenaamde "onmogelijke" moet doen.

Doe dat keer op keer totdat je eindelijk geen elementen meer hebt om op te lossen. Je hebt nu het onmogelijke gedaan en bezit nu een groot, alomvattend begrip.

Gefeliciteerd! Je weet nu hoe je het zogenaamde "onmogelijke" moet doen.

'Ik ga rond

het onmogelijke
mogelijk proberen
te maken. '

Outside-the-box denken:

Q. Hoe kan ik mijn comfortzone uitdagen en elke dag nieuwe
dingen leren?

Mijn gedachten hierover:

Dit is voor sommige mensen die hun eerste ervaring proberen op
te doen door buiten hun comfortzone te stappen, en hier is een
korte lijst om u op weg te helpen:

1. *Het eerste advies en het gemakkelijkste is om te beginnen met bewegen, in welke richting dan ook, maar degene waar je altijd in bent geweest. Probeer iets anders. Zelfs als het je even van de baan brengt, is het goed, omdat je je oude patroon begint te onderbreken en nieuwe inzichten krijgt die leiden tot het openen van de nieuwe deuren.*
2. *Ga naar Pub cons en meetups.*
3. *Start je eigen netwerk en / of discussiegroep en nodig mensen uit die je kent. Laat ze mensen uitnodigen die u niet kent en die volgens hen van waarde zijn voor de groep op basis van het thema of de agenda.*
4. *Krijg kantoorruimte in een open kantoorhotel met*
5. *plattegrond, waar veel kleine bedrijven in dezelfde buurt zijn of mensen van dezelfde leeftijd als jij. U deelt allebei uw kennis die anderen zal helpen en leert van hen.*

6. *Neem contact op met mensen waarvan u denkt dat ze gelijkgestemd zijn, bied ze misschien lunch aan en kijk gewoon waar het toe kan leiden. Zorg ervoor dat u uitlegt waarom u dit doet, zodat ze uw bedoelingen verkeerd begrijpen en weten dat dit voor hen van wederzijdse waarde kan zijn.*
7. *Doe iets voor jezelf. Steek je nek uit, ik beloof je, je wordt niet neergeslagen. Je zult misschien niet direct vinden wat je zoekt, maar je zult je beter voelen als je je zoektocht voortzet in plaats van als je het in het begin nooit had gedaan.*

Voorbeeld: Dit is hoe ik mezelf uitdaagde om uit mijn comfortzone te breken en te trainen om te zwemmen in een toestand waar de lucht -23 graden Celsius is en het water slechts 2 graden Celsius.

Jarenlange ervaring met ijszwemmen heeft mij ongelooflijk veel uithoudingsvermogen en een dieper begrip van mijn lichaam gegeven. IJszwemmen is een zeer populaire praktijk in Zweden, waar mensen vaak van de sauna naar een gat in een bevroren meer rennen voor een snelle duik.

Omdat zowel sauna's als ijsgaten de uiterste tegenpolen van elkaar zijn, de ene extreem heet en de andere extreem koud, is het logisch om beurtelings in beide te gaan om een evenwicht te bewaren. Het is een uitdaging om langer dan een paar seconden in ijskoud water te blijven en langer dan 10-30 minuten wordt als "onmogelijk" beschouwd, vooral als je het zou doen zonder eerst op te warmen in de sauna.

Begin met het definiëren van het doel, overweeg iets dat als onmogelijk of onrealistisch wordt beschouwd, alleen omdat het zoveel leuker is als je uiteindelijk dat "onmogelijke" doel bereikt.

Eerst breek ik de elementen af en focus ik op de elementen die ik kan doen.

8. *Ik kan zwemmen.*
9. *Ik kan sneller leren zwemmen*
10. *Ik kan leren energiezuiniger te zwemmen.*

Nu ga ik verder met de dingen die misschien een beetje ingewikkeld zijn en concentreer me op hoe ik die taken gemakkelijker kan maken.

500 meter zwemmen in warm water van 2 graden Celsius is zowel mentaal als fysiek moeilijk. Maar 100 meter zwemmen is helemaal niet zo moeilijk. Dus door de taak op te splitsen in ronden van 100 meter in plaats van een ronde van 500 meter, wordt het mentaal minder gecompliceerd.

Dus heb ik onderweg doelen met mijlpalen opgesteld.

Nu de onmogelijke dingen:-

• *Ik kan niet zwemmen als het te koud is.*

Analyseer waarom. Dit betekent niet dat je begint na te denken over alle dingen die mensen je hebben verteld waarom het als onmogelijk wordt beschouwd. Denk na over dingen die je weet, niet over geruchten en aannames.

1. *Vingers en tenen bevriezen sneller dan mijn armen en benen omdat ze kleiner en dunner zijn.*
2. *Wanneer het water rond deze kleinere delen circuleert en ik mijn lichaamstemperatuur sneller verlies dan in de rest van mijn lichaam, wordt het bloed kouder en om mijn hart te beschermen, vermindert mijn lichaam de circulatie in deze gebieden en sluit uiteindelijk de bloedcirculatie in vingers en tenen die tot ernstige schade of zelfs amputatie kunnen leiden.*

Laten we deze twee verklaringen eens bekijken.

Ik heb een duidelijk idee over de uitdagingen en om dit te overwinnen, moet ik een oplossing, een oplossing of een alternatief vinden.

Het probleem houdt verband met de circulatie van water dicht bij de huid, waardoor de temperatuur sneller daalt in gebieden met een kleinere massa.

Enkele alternatieven zijn:-

• Verminder of stop op een of andere manier de circulatie van water in de buurt van deze gebieden.
• Door de massa te vergroten, houdt het lichaam de warmte vast.
• Verhoog mijn lichaamsvet

- Breng vet extern op mijn lichaam aan voordat ik ga zwemmen

De oplossing die ik koos, was om neopreen handschoenen en sokken te gebruiken die de nauwe watercirculatie rond mijn vingers en tenen zouden belemmeren, en dit bleek een effectieve oplossing voor het probleem te zijn zonder de hele opzet te veranderen sinds ik

wilde het doen met zo min mogelijk hulp. Het dragen van een duikpak of zelfs een droogpak had het misschien gemakkelijker gemaakt, maar dat zou uiteindelijk het doel tenietdoen.

Laten we nu naar een ander voorbeeld kijken met dezelfde procedure.

Voorbeeld: We hebben een doel. Koop een nieuwe X.

We weten allemaal dat de meest logische aanpak is om een winkel te vinden die X verkoopt.

Laten we zeggen dat X een specifiek soort snoep is.

Begin met het doornemen van de voor de hand liggende antwoorden waar dit snoepje kan worden gekocht. Of om het simpel te zeggen: als de snoepwinkel gesloten is en morgen opengaat, waar zou je hem dan eerder kunnen krijgen?

Bedenk wat u zou doen als de voor de hand liggende oplossing niet mogelijk was.

Wat zijn enkele alternatieve bronnen die dat snoepje kunnen hebben dat je wilt of een soortgelijk snoepje?

1. *De apotheek.*
2. *De supermarket.*
3. *Het benzinestation.*

4. *Een vriend.*

5. *Een buurman.*

6. *De bioscoop*

Probeer nu breder te denken en creatiever te zijn.
Laten we omwille van deze oefening zo wild mogelijk gaan,
ongeacht de haalbaarheid.

7. *Vraag je vrienden op social media platforms.*

8. *Vraag mensen die je niet kent in openbare groepen op sociale media.*

9. *Pak een kegel of een megafoon en praat hardop op straat waar je woont.*

10. *Het belastingvrij op de luchthaven..*

11. *Naar een ander land gaan waar ze winkels hebben die 24/7 open zijn.*

12. *De fabriek die het snoep produceert (ze kunnen de productie 's nachts doen, dus het kan open zijn als je dit probleem midden in de nacht hebt)*

13. *De mensen in het bestuur van het bedrijf bellen, zoals ze vaak de bestuursleden op de merkwebsite vermelden.*

De lijst is lang en je moet gewoon creatief zijn. Je hoeft alleen maar te begrijpen hoe belangrijk het eigenlijk is om dit specifieke probleem op te lossen en hoeveel moeite je wilt doen om het op te lossen.

Outsourcing, het creëren van een team en andere alternatieve oplossingen:-

Alle bovenstaande ideeën gingen over hoe je het probleem kon oplossen, maar soms hoef je het probleem niet zelf op te lossen.

Soms heb ik misschien niet de juiste kennis om een taak te voltooien of de tijd om de kennis te verwerven om het zelf te doen. Dus in plaats van te leren hoe ik het zelf moet doen, kan ik het werk gewoon uitbesteden en iemand betalen om dit voor mij te doen, zodat ik me kan concentreren op de belangrijkste vragen waar ik mijn tijd aan wil besteden.

Je kunt de taak ook in meerdere stukken splitsen en met een team werken. Of u kunt de taak eenvoudig naar veel mensen uitzenden en er tegelijkertijd verschillende partijen aan laten werken; waardoor levertijden drastisch kunnen worden verkort en u uit meerdere opties kunt kiezen. (Dit hangt sterk af van wat de taak is en hoe gemakkelijk het is om instructies te geven aan de mensen met wie u werkt, aangezien dit ook tot een enorme werklast voor u kan leiden.)

[LIJM:]

Veel mensen zijn niet gewend aan het uitbesteden van taken, dus laten we enkele basisprincipes behandelen in deze lijmoefening. Er zijn natuurlijk veel dingen te leren over hoe je dit efficiënt kunt doen, maar dat is te veel inhoud om hier te behandelen. Als je denkt dat dit je echt interesseert, zou ik je graag meer helpen, en als ik verzoeken ontvang voor gedetailleerde handleidingen over dit onderwerp, zal ik overwegen om ook een boek over dit onderwerp te schrijven. Neem dus gerust contact met me op.

Allereerst moet je weten wat je zoekt. Laten we de volgende situatie als voorbeeld beschouwen.

Voorbeeld: Stel dat u een vakantie naar Griekenland heeft gepland. Maar weet niet precies waar u heen wilt, omdat u niet goed op de hoogte bent van de geografische gebieden van Griekenland. Als je erover begint te googlen, vind je er heel veel artikelen over, maar misschien wil je het weten van de mensen in Griekenland.

Als u een eenvoudige vraag stelt op een site als www.Quora.com, kunt u mensen van het platform uitnodigen op basis van hun verblijfplaats en waar ze wonen, en ze kunnen hun kennis graag gratis delen.

Als we dit naar een hoger niveau tillen, kan de daadwerkelijke reis daar iets zijn dat uitgebreid onderzoek nodig heeft. Misschien wilt u iemand inhuren om u te helpen bij het vinden van de beste vluchtroute en de beste ticketprijzen voor u; en dit kan eenvoudig worden gedaan door een virtuele assistent te werven op sites als Fiverr. com, waar de prijs voor het uitvoeren van een dergelijke taak begint vanaf 5 USD.

Misschien wil je ook een gids die de hele reis voor je zorgt, wat opnieuw wat onderzoek zou kunnen vereisen, maar je zou zulke mensen ook op de freelance platforms kunnen vinden.

De prijzen voor deze taken zijn normaal gesproken veel lager dan je zou verwachten. Door uit te besteden, kunt u veel tijd besparen en ook echt goede mensen leren kennen met veel meer inzicht in het onderwerp waar u hulp bij wilt hebben.

De freelance sites zijn verdeeld in twee delen; de freelancerprofielen waar u freelancers kunt zoeken en rechtstreeks contact met hen kunt opnemen, en het vacaturebord waar u uw vereisten kunt plaatsen en freelancers kunnen vervolgens op uw project bieden.

Nadat je alles aan je zijde hebt ingesteld, kun je een verzoek plaatsen wat voor soort werk je wilt doen, zoals in dit voorbeeld kun je een verzoek voor een gids in Griekenland plaatsen. Vervolgens kun je filteren zodat je mensen uitnodigt die alleen in Griekenland wonen, of dat als vereiste in de post stelt. Als u biedingen op uw bericht ontvangt, kunt u met hen chatten om er zeker van te zijn dat zij kunnen doen wat u van hen verlangt, en zich te schikken naar de voorwaarden en vervolgens de persoon te selecteren die volgens u het beste is voor uw werk.

Als u iemand inhuurt in een goedkoop land als bijvoorbeeld India, hoeft u waarschijnlijk maar een tiende te betalen van wat u zou doen als u iemand inhuurt die in een van de hoofdstadsteden van Europa woont. Dit vereist natuurlijk dat u uw manier van werken verandert. U moet de moeilijkheden en behoeften van offshore outsourcing begrijpen. Maar de lage kosten kunnen in sommige situaties het verschil zijn tussen succes en falen; net als wanneer u een nieuwe onderneming start, is de financiering normaal gesproken beperkt en moet u elke cent en munt optimaal benutten.

Afgezien van de economische voordelen, gaat het niet alleen om uw succes, maar ook om de persoon die u inhuurt als u het goed doet. Werken met een bedrijf op afstand zal voor beide partijen een ervaring van onschatbare waarde zijn, maar afgezien van de ervaring kunnen er nog meer verstrekkende voordelen zijn. Laat me u slechts één voorbeeld geven: in het geval dat u met India werkt, kunt u iemand de kans geven om zich te ontwikkelen boven hun kastenbarrières die anders voor hen moeilijk zouden kunnen zijn wanneer ze lokaal werken.

Voor degenen die er niets van weten, is het kastensysteem een hindoesysteem om de bezetting van het gezin waarin je bent geboren te behouden. Dit was voor veel mensen een barrière om te overwinnen, omdat het in het hele land op grote schaal werd toegepast. Dientengevolge moesten mensen die in arme gezinnen waren geboren, doorgaan met werken in minimaalbetaalde banen voor handenarbeid die hun ouders eerder hadden gedaan.

Het kastensysteem is sinds 1949 verboden in India, maar je kunt de invloeden ervan nog steeds zien in de landelijke gebieden van India. Maar in India zijn ze niet allemaal hindoes; er zijn ook veel andere religies. Er zijn bijvoorbeeld ongeveer 300 miljoen Christians, wat voor de meeste westerlingen, waaronder mij, een verrassing is, totdat ik meer over het land begon te lezen om hun cultuur te begrijpen.

Dit heeft me enorm geholpen toen ik begon te werken met uitbestede projecten en teamleden in India.

Sindsdien heb ik altijd zoveel mogelijk gelezen over een land en zijn etiquette wanneer ik werk met offshore middelen, freelancers en bedrijven in andere landen.

Doe waar ik goed in ben

Q: Moet ik proberen alles zelf te doen? Is er een betere manier om dit te doen?

Mijn gedachten hierover:

Het voor de hand liggende antwoord is nee, je moet niet alles alleen doen. Maar in sommige situaties is het misschien moeilijk of onmogelijk om een andere manier te vinden. Ik ben in situaties geweest waarin het allemaal begon toen ik alleen werkte en ik moest ervoor zorgen.

helemaal alleen. Maar het probleem was dat ik me niet realiseerde toen het van een vereiste tijdelijke oplossing ging naar iets dat me tegenhield.

Voorbeeld: Iets wat ik heb geleerd van het runnen van een van mijn vorige bedrijven is dat ik niet moet proberen alles zelf te doen. Ik ben gewoon niet de beste in alles.

Als ik doe waar ik goed in ben, verdien ik meer geld dat ik kan gebruiken om mensen in te huren die het beste zijn in het doen van de dingen waar ik niet goed in ben. Wat op zijn beurt het bedrijf sneller zal laten groeien en tijd voor mij zal besparen.

Maar wat nog belangrijker is, ik zal een leukere werkdag hebben, omdat ik mezelf niet hoef te overgeven aan taken die niet inspirerend, uitdagend en leerzaam voor mij zijn. Door meer middelen in te huren, genereren ze op hun beurt meer geld voor mij om op andere gebieden te gebruiken, en het totale resultaat zal het bedrijf of product solide maken en het sneller laten groeien.

[LIJM]: doe wat je graag doet

Deze oefening gaat over ontdekken wat je graag doet. U denkt misschien dat u al weet wat u graag doet en wat u niet doet. Laten we ter verduidelijking doorgaan met de oefening.

Het vermelden van de dingen die je niet leuk vindt, is vaak gemakkelijker, dus laten we daarmee beginnen.

Voorbeeld:-

Dingen die ik niet graag doe, zijn:

- Boekhouding.
- Tijd verspillen.
- Ik herhaal mezelf.
- Vertragingen door slechte voorbereidingen.
- Onderhoud.

Dingen die ik graag doe zijn:
- Ikzelf uitdagen (buiten mijn comfortzone stappen)
- Dingen bouwen.
- Dingen verbeteren.
- Met mensen praten / ervaringen delen.
- Mijn ervaring delen om anderen te inspireren

Door dit door te nemen zien we een duidelijk patroon; een die kan worden gebruikt om te weten wanneer je ja moet zeggen en wanneer je nee moet zeggen. Dit helpt u bij het uitzoeken van de taken die u moet gaan overdragen aan andere mensen of moet uitbesteden aan online services. Tegenwoordig kunnen steeds meer dingen worden geautomatiseerd en als u niet weet hoe u dit zelf moet doen, kunt u een freelancer eenvoudig vragen om de alternatieven voor u te onderzoeken.

"Doe wat je doet
het beste.
Vraag iemand anders
doe de rest!"

Hoe u uw gedachten kunt beheren

Q: Op welke manieren hebben mijn pedante ideeën tijdens mijn tienerjaren mij geholpen, en op welke manieren hebben ze problemen voor mij veroorzaakt?

Mijn gedachte hierover:-

Tegenwoordig is dit uitgegroeid tot niet alleen mijn interesse in het verzamelen van meerdere 'waarheden' of alternatieve oplossingen, maar ook om me te concentreren op het volledige plaatje. Als gevolg daarvan heb ik enorme hoeveelheden informatie verzameld die hebben geleid tot de noodzaak van een goede structuur in een chaos van gegevens. Laat me je vertellen hoe ik dingen herschik in een goed gedefinieerde gestructureerde massa, zoals de sterrenkaart waarover ik je eerder vertelde.

Voorbeeld: Als u zich bij een nieuw team voegt voor een nieuwe baan of gewoon hap-pen om een nieuwe vergadering bij te wonen, kan er een overweldigende hoeveelheid nieuwe informatie zijn waar u moeilijk doorheen kunt navigeren. Vooral omdat mensen de dingen die ze gaan bedenken, misschien op een ongestructureerde manier van waarde kunnen zijn. In dergelijke gevallen heb ik gemerkt dat mindmaps veel nuttiger zijn bij het verzamelen van informatie en het opslaan ervan met een goede structuur.

Probeer de mind mapping-techniek te gebruiken, waarbij je begint met één niveau van threads, namen, systemen, doelen, uitdagingen, kantoren, teams enzovoort opschrijft. Als u dit doet, zult u zien dat de namen kunnen worden ondergebracht in groepen, teams en kantoren, die op hun beurt kunnen worden verbonden met een groter systeem van relevante en vergelijkbare groepen. "Uitdagingen" zouden de aandachtsgebieden van de groepen kunnen zijn; ze kunnen iets zijn dat je over meerdere groepen verdeelt of iets waar je meerdere mensen uit verschillende groepen aan hebt samengewerkt. Terwijl je dit doet, zul je snel zien dat het patroon recht voor je ligt zonder zwaar werk. Probeer het uit, want dat is de beste manier.

laat het in uw voordeel werken en kijk hoe het voor uw ogen gebeurt.

Er kan ook informatie zijn waar je geen plaats voor hebt gevonden, dingen die je in een mentale aantekening zou kunnen zetten of misschien een ongestructureerd onderwerp. Dat zijn de details die uw geest heeft aangegeven om bij te houden, wat u snel nuttig zult vinden in sommige andere situaties waarin die informatie iets van grote waarde wordt.

Mapping is een geweldig grafisch hulpmiddel om met dit soort dingen om te gaan, maar nadat ik het lange tijd actief had gebruikt, kwam ik op het punt dat ik liever een tweede laag of een tweede dimensie nodig had. Een dimensie voor dingen die moeilijk te hanteren zijn op iets dat gewoon plat op het scherm ligt.

[LIJM]: hoe mindmap

verspreide informatie

Zoals je al weet, heb ik mindmapping gebruikt om dit boek te schrijven. Maar afgezien daarvan gebruik ik mindmapping voor zoveel dingen elke dag van mijn leven. Om u een voorbeeld te geven van hoe ik dit persoonlijk doe, laten we een eenvoudig voorbeeld nemen waar velen zich mee kunnen identificeren.

Voorbeeld: Je partner belt je en wil dat je onderweg van je werk boodschappen koopt. Hij of zij begint alles op te sommen wat ze nodig hebben, in de hoop dat je ze allemaal zult onthouden, maar dit is een taak die velen van ons moeilijk vinden om te doen.

Wat ik doe is dat ik alle items één voor één in een mindmap typ; geen structuur, slechts één item per onderwerp, en ik noem de mindmap 'boodschappenlijst'.

Dan denk ik aan de winkel. Laten we zeggen dat de winkel zijn afdelingen heeft georganiseerd met fruit, groenten, vlees, bakspullen, zuivelproducten, frisdranken en snacks in deze specifieke volgorde.

Er kunnen ook enkele andere secties zijn, zoals vis, snoep, schoonmaakproducten, enzovoort. Maar op dit moment zijn die gebieden voor mij van minder belang, en ik kan ze later eenvoudig toevoegen als ik ze nodig vind in plaats van te beginnen met een mindmap met onnodige informatie.

Je mindmap is hoe je dingen visualiseert, niet hoe iemand anders het zou hebben gestructureerd.

Dus ik maak de knooppunten:-

- Fruit.
- Groenten.
- Vlees.

- Spullen bakken.
- Zuivelproducten.
- Frisdranken en snacks

Nu verplaats ik alle items die ik telefonisch moest kopen naar deze onderwerpen en nu kan ik voorkomen dat ik heen en weer moet rennen in de supermarkt vanwege een ongestructureerd boodschappenlijstje.

Laat me nog een voorbeeld nemen dat we hierboven lichtjes hebben behandeld.

Voorbeeld: Je begint een nieuwe baan. Het is de eerste dag en je hebt 6 vergaderingen van een uur waar mensen van deze nieuwe organisatie je aan boord zullen krijgen door informatie met je te delen.

Als persoon die graag gestructureerde gegevens bij de hand heeft, neem ik graag kennis van belangrijke onderwerpen die tijdens vergaderingen worden besproken. Soms heb je echter veel meer informatie bij de hand waar je echt behoefte aan hebt. In zulke tijden gebruik ik mindmaps om de informatie die ik niet heb te ordenen en de rest te definiëren naar een goede structuur.

Ik noem de mindmap op datum en tijd en kopieer het vergaderonderwerp uit mijn agenda. Door dit te doen, kan ik gemakkelijk teruggaan naar de informatie door gewoon naar mijn agenda te kijken als referentie.

Laten we zeggen, tijdens de bijeenkomst stelt iedereen zichzelf voor. Ik noteer de namen, inclusief enkele identificerende kenmerken (zoals donker haar, lang haar, baard, enz.) Om het beeld van de mensen in de kamer verder te verbeteren.
Sommigen zeggen misschien van welk team ze komen en sommigen noemen het team misschien niet, dus ik vraag ofwel uit welk team ze komen of blijf gewoon aantekeningen maken.

Ik heb al een tweelaagse structuur, met teamnamen en teamleden.

Laten we zeggen dat ze dan beginnen te praten over systeemnamen. Ze kunnen wat meer informatie geven over sommige van de systemen.

Ik noteer alle punten die voor mij van belang zijn of in de toekomst van belang kunnen zijn.

Ik stap dan in de andere vergaderingen, herhaal de procedure met een ander bestand nadat ik mezelf heb voorgesteld en zeg dat ik aantekeningen ga maken.

Ik verzamel de informatie en na de bijeenkomst gebruik ik de informatie die ik heb genoteerd om twee mindmaps te creëren.

1. Systemen.
2. Organisatie

In systemen kopieer ik alle informatie van de vergaderingen en met alle informatie die ik uit de vergaderingen heb verzameld, heb ik nu een vrij duidelijk beeld van het systeem en hun doelen, vereisten en afhankelijkheden.

In de mindmap van de organisatie sorteer ik de namen van de mensen die ik heb ontmoet op basis van hun teams, rangen, onderscheidende kenmerken, enz.

Het tegelijkertijd verzamelen en structureren van informatie is veel moeilijker dan het lijkt, maar als het je lukt, kun je jezelf misschien veel tijd besparen.

Met dit voorbeeld raad ik u ten zeerste aan om dit te doen bij vergaderingen die u mogelijk heeft als u zich daar prettig bij voelt.

Je kunt mindmaps ook voor andere dingen gebruiken, zoals:

1. Plaatsen waar u naartoe wilt reizen.
2. Een bucketlist (dingen die je graag doet tijdens je leven).
3. Uw trouwplannen.
4. Gezinsfinanciering.
5. Ondernemingsideeën.

Weten hoe je feiten kunt onderscheiden van valse informatie

Q: Met enorme hoeveelheden informatie kan er tegenstrijdige informatie, duplicatie en fouten zijn. Hoe kan ik ervoor zorgen dat ik niet werk op basis van geruchten of valse informatie?

Mijn gedachten hierover:

Naarmate je mindmapping steeds vaker gebruikt, kun je gemakkelijk op het punt komen waarop je verschillende mindmaps wilt combineren en details daarin met elkaar wilt verbinden. Op dat moment kun je verschillende lagen in de mindmap gaan gebruiken en kan je ook de behoefte gaan voelen aan filters om het leesbaarder te maken.

Google werkt aan iets dat de 'kennisgrafiek' wordt genoemd en die volgens hen tijdens de presentatie de nieuwe manier was om naar de waarheid te zoeken. Ze zijn van mening dat dit mensen zou helpen zoeken naar feitelijk correcte informatie uit de pool van algemeen tegenstrijdige informatie, namelijk het internet zoals we dat nu kennen.

Zoals het er nu uitziet, kan iedereen een webpagina starten en schrijven wat hij maar wil, bijvoorbeeld "Barack Obama is blank en komt uit Canada", en het wordt misschien niet als de waarheid beschouwd.

U kunt nu gemakkelijk het probleem zien van het omgaan met enorme hoeveelheden informatie die mogelijk conflicterend zijn. Bijna zoals ons brein dat informatie over elk onderwerp voor ons verzamelt en het vervolgens als een thesaurus of encyclopedie gebruikt om elke situatie aan ons terug te verklaren op basis van onze eerder bekende kennis van geregistreerde informatie en ervaringen.

Laten we hier nog een laag met tegenstrijdige informatie plaatsen om de complexiteit verder uit te leggen, want er zou heel goed een andere Barack Obama in Canada kunnen zijn, maar niet de Barack Obama waar we eerst aan denken.

In hun presentatie van het nieuwe product hebben ze een driedimensionale sterrenkaart om te visualiseren hoe informatie met elkaar is verbonden, wat lijkt op een mindmap maar dan in 3D; en het is actief bezig met het verplaatsen en ontwikkelen van zijn kennis over elk item door informatie toe te voegen naarmate het meer te weten komt over elk onderwerp en verbinding maakt met andere gerelateerde onderwerpen en afhankelijkheden, maar ook stukjes informatie verzamelt die verkeerd zijn, aannames en misverstanden over het onderwerp, bijvoorbeeld wanneer je gebruik Google en ontvang de lijst met mogelijke long-tail zoekopdrachten. Als ik bijvoorbeeld naar een filmster zou zoeken, zal het laten zien waarnaar de meeste andere mensen hebben gezocht met de naam van die filmster. Als ik een spelfout maak, weet deze van eerder gemaakte fouten in de spelling en stelt voor wat de juiste spelling is en vraagt me of ik daar in plaats daarvan naar wil zoeken,

Er zijn talloze voordelen aan het gebruik van mindmaps in plaats van klassieke documenten of spreadsheets met tabbladen of andere vormen van documentatie, wat in de toekomst een geheel nieuw boek zou kunnen zijn.

Omdat dit een onderwerp is waar ik heel erg in geloof, moest ik er een beetje over vertellen om je te inspireren en je aan het denken te zetten over de structuur van je gedachten en hoe je ongestructureerde informatie die je krijgt, documenteert. Ik kon niet zomaar voorbij dit onderwerp springen en in plaats daarvan raakte ik het een klein beetje aan om te inspireren en te laten zien hoe dit een hulpmiddel is waarmee u uw eigen alternatieve oplossingen kunt vinden.

Maar daarover genoeg en laten we verder gaan op onze reis.

Vierde sectie:
Interactie met mensen

Mensen zijn van nature lusteloos

Steeds evoluerend

Feedback en zijn kracht Ken uw
triggerpoints Hoe ik mijn werk doe
Impressies.

Laat je geest doordringen met informatie.

Elevator pitch

Mannen versus vrouwen als ondernemers

Familie en vrienden

Doorgeven van mijn kennis en
ervaringen

Mensen zijn van nature lusteloos

Q: Hoe kan ik mezelf verbeteren om de beperkingen, fouten en onvermogen van anderen te overwinnen?

Mijn gedachten hierover:-

Als u een levering voor een taak of taak verwacht, zorg dan dat u niet afhankelijk bent van één enkele bezorger. Dit soort situaties kan leiden tot één faalpunt. Verspreid het risico en probeer vooruit te denken om mogelijke pijnpunten en blokkers te vinden, zodat u ze kunt oplossen of te slim af kunt zijn.

Ik voer vaak meerdere vragen of taken parallel met uitbestede teamleden die over de hele wereld zijn geplaatst. Afhankelijk van de taak, probeer ik vaak om ten minste twee mensen aan dezelfde taak te laten werken zonder dat ze elkaar kennen, omdat ik heb geleerd dat het resultaat dat ze opleveren elkaar zal aanvullen, waardoor de twee leveringen gecombineerd minstens 20% zijn sterker dan wanneer ik het maar met één persoon zou doen.

Of als het om snelheid gaat, zou ik twee mensen hebben om zo snel mogelijk te leveren wat nodig is. In sommige situaties, om de druk op de teamleden te vergroten, zou ik een soort 'finder's fee'-betalingsschema kunnen opzetten; in plaats van beide teamleden te betalen, ben ik het met hen eens dat de eerste die levert de volledige betaling krijgt en de andere nog steeds de helft van de prijs. Als ze ervoor kiezen om te accepteren, weet ik dat ze nog harder zullen werken om ervoor te zorgen dat ze snel en met de beste kwaliteit leveren.

Ik heb ook de neiging om verschillende tracks van dezelfde taak uit te proberen om erachter te komen wat de beste aanpak is. Het is alsof je het wiel opnieuw uitvindt, er is misschien een voor de hand liggend pad, maar ik wil vaak zien waar dat andere, niet zo voor de hand liggende pad naartoe zou kunnen leiden.

Men kan zeker constateren dat dit langer duurt omdat ik de verschillende tracks moet identificeren en ze vervolgens aan het werk moet zetten. Maar het betekent ook dat ik:

1. Bereik het doel sneller.
2. Lees meer over het onderwerp.
3. Zal alternatieve oplossingen vinden.
4. Handel altijd creatiever.
5. Accepteer het niet per se zoals het is.
6. Denk en verwerk elk klein ding, of doe een stap achteruit en laat de "mierenhoop" zijn werk doen.

[LIJM:]

Dit is een methode die ik in zoveel situaties heb gebruikt, maar de enige situatie die de meeste mensen zich zullen herinneren, is die waarin we erin geslaagd zijn om in open water te zwemmen, zelfs als het water tot ijs was bevroren.

Ik heb dit ook gedaan wanneer ik complexe taken moest oplossen, zoals toen ik mijn allereerste eCommerce-engine vanaf nul bouwde of wanneer ik een tijdsbestek had om een systeem te lanceren dat we in minder tijd moesten bouwen dan normaal mogelijk zou zijn.

In plaats van me te concentreren op het volledige plaatje, heb ik breakouts gemaakt. Dit wordt vandaag de dag de lean methodology en het Scrum agile process framework genoemd. Het wordt tegenwoordig gebruikt door alle toonaangevende organisaties en heeft een enorm verschil gemaakt in de wereld van snelgroeiende bedrijven die complexe problemen oplossen en zelfs dingen oplossen die voorheen onmogelijk werden geacht.

Laten we proberen het als kleine teaser op te splitsen in kleine maar logische stappen om je geïnteresseerd te krijgen om het uit te proberen, en als je dan ziet hoe krachtig het is, kun je er meer informatie over vinden. Laten we er in feite een Lean-benadering op na houden.

De oude manier om iets te doen waarvoor een soort planning, processen en structuur nodig was, was het zogenaamde watervalmodel.

Waar we niet mee moeten beginnen, is verblind te raken door het enorme doel of het enorme project of het tijdelijke plan of budget.

In plaats daarvan richten we ons op wat we weten en wat we aankunnen.

Als het team niet kan leveren wat je nodig hebt, ga dan door wat ze kunnen leveren, gebruik dit als motivator en een feit. Het team heeft vaardigheden en sterke punten die misschien niet worden gezien omdat je niet de juiste vragen stelt.

Nu je hebt begrepen wat ze kunnen leveren en waarom ik er zeker van ben dat er bepaalde onderdelen zijn waarop ze je hebben gewezen die niet kunnen worden geleverd, en heb je ook commentaar gegeven op waarom.

Hun begrip van wat er nodig is, is hoogstwaarschijnlijk beperkt tot wat u met hen hebt gedeeld. Ze denken en geloven dat je precies verwacht wat je hebt gedefinieerd, terwijl je in werkelijkheid waarschijnlijk iets anders wilt, maar je verwachtingen niet goed kunt overbrengen.

Voorbeeld: Laat me je een filosofisch over-the-top voorbeeld geven.

Ik sta voor mijn team en vertel hen ons projectdoel. Ik wil naar Mars reizen.

Het team antwoordt zonder aarzelen dat ze dat niet kunnen waarmaken.

Dus ik leg mijn vereisten verder uit.

Ik wil dat mijn DNA naar Mars reist

Het team begint te bewegen en te draaien en begint na te denken over hoe ze dit kunnen doen en beseft al snel dat het helemaal geen probleem zou moeten zijn.

2,9 miljard basenparen van het haploïde menselijke genoom komen overeen met een maximum van ongeveer 725 megabytes aan gegevens aangezien elk basenpaar met 2 bits kan worden gecodeerd.

Om onze huidige situatie verder te verbeteren, verschillen de genomen van elk individu met minder dan 1% van elkaar, ze kunnen verliesvrij worden gecomprimeerd tot ongeveer 4 megabytes.

Een transportapparaat maken om 4 MB aan data naar Mars te vervoeren, lijkt een veel eenvoudiger project dan mijn lichaam naar Mars te transporteren.

En als we nog een stap verder gaan, hoe zit het dan met het sturen van een (of een heleboel) radio-ontvanger (s) naar Mars, en het 4 MB haploïde menselijke genoom overdragen via radiogolven. In de tijd die we nodig hebben om de radiogolven over te dragen, hebben we misschien zelfs nog verbeterde compressie-algoritmen bedacht.

In elke situatie kunt u de verklaring opnieuw bekijken en opnieuw definiëren, of scheiden in meerdere kleinere verklaringen en specificaties.

Hierdoor blijft uw team gefocust op het doel, zonder afleiding of zorgen over het grotere geheel.

Tegelijkertijd kun je andere teams betrekken of verder onderzoek doen om je voor te bereiden op de volgende reeks in je dom-ino-spel.

Afhankelijk van hoe cruciaal het project is, heb ik van tijd tot tijd meerdere teams ingeschakeld om dezelfde taak op te lossen, omdat ik weet dat niet iedereen het op tijd zal kunnen oplossen.

Maar zelfs als ze het allemaal op tijd oplossen, kan ik de meervoudige oplossingen combineren tot één en door de beste onderdelen uit de oplossingen te kiezen, kan ik één gecombineerde superoplossing creëren.

'Ik wil naar Mars reizen.'

Steeds evoluerend.

Q: Waarom word ik in gedachten gehouden als er iets is dat ik niet weet?

Ik doe dit de hele tijd; Ik kom op een punt waarop ik uitzoom omdat er iets is dat iemand zei of een gedachte die ik had, die een vraag in mijn hoofd veroorzaakte over iets dat ik nog niet wist of begreep.

Mijn gedachten hierover:

Laten we, net als de voorbeelden waar we een complexe taak in veel kleinere delen opsplitsen, dezelfde aanpak volgen, maar deze keer concentreren we ons op de dingen die ik niet weet.

Elke keer als ik iets tegenkom waarvan ik niet genoeg weet, zoek ik het op. Het hoeft niet iets extravagants te zijn. Het kan een woord zijn waarvan ik niet de volledige betekenis ken, of welke kleuren de vlag van een land heeft, of het belastingstelsel in Griekenland, of hoe een huis in Spanje te kopen, enz. Ik heb mijn zinnen gezet op het idee dat er vragen moeten worden gesteld en dat ik het antwoord moet vinden.

Door mijn manier van denken te configureren om naar antwoorden te zoeken in plaats van te accepteren dat het gewoon een wereld vol onbeantwoorde vragen is, geloof ik dat ik een leven leid als een zoektocht en focus op mezelf ontwikkelen, omdat het vinden van de vragen voor zelfs de kleinste vraag is een manier om te evolueren. Mijn hele mentaliteit is natuurlijk veranderd van de "normale" (om alle vragen te beantwoorden, maar niet te verwachten) naar de verbeterde versie van mij waar ik zoek totdat ik een of meerdere antwoorden vind.

Ik heb een mentaal proces en procedure ontwikkeld om dit te doen.

Voor de triviale dingen is het duidelijk. Ik Google de vraag en analyseer meerdere bronnen om te zoeken naar het beste antwoord, of in.

sommige situaties, meerdere antwoorden omdat er mogelijk meerdere juiste antwoorden op de vraag zijn (zoals het voorbeeld met Barack Obama en hoe Google met informatie omgaat).

Zoals je in het vorige hoofdstuk al hebt geleerd, zijn er veel manieren om taken uit te besteden en je zou hetzelfde kunnen doen met het vinden van antwoorden op vragen.

Als u een eenvoudige vraag heeft, kunt u sites zoals www gebruiken. Quora.com. Ik gebruik het dagelijks om triviale vragen te stellen die ik daar achterlaat en af en toe terugkom, omdat de vraag meerdere keren door meerdere mensen kan worden beantwoord.

U kunt mensen van het platform uitnodigen op basis van hun bezigheid en waar ze wonen, en ze kunnen hun kennis graag gratis delen.
Voor de grotere vragen besteed ik het zoeken naar antwoorden uit via platforms zoals Odesk.com, Freelancer.com, Fiverr.com, PeoplePerHour.com, enz. En vaak is één antwoord niet genoeg, dus zoek ik altijd naar meerdere antwoorden op hetzelfde vraag door de onderzoekstaak aan verschillende freelancers te geven.

*'Configureer je manier
van denken om in plaats
daarvan naar
antwoorden te zoeken*

alles te accepteren. '

Feedback en zijn bevoegdheden

Q: Hoe kan ik snelle feedback en indicaties krijgen om te begrijpen of ik in de goede richting beweeg of niet?

Mijn gedachten hierover:-

Je moet met mensen praten over je ideeën, groot en klein, zelfs de niet-realistische, de grappige en alle andere. Maak je geest leeg en laat ze je vertellen wat ze ervan vinden. Het is dan belangrijk dat de mensen met wie je dit doet de 'juiste' mensen zijn; mensen die normaal gesproken kunnen worden beschouwd als ervaren, gelijkgestemd en positief, zodat u niet wordt teruggesteld of gedwongen om te remmen door mensen die zich alleen op de problemen concentreren en zich teveel zorgen maken over de risico's.

Uw familie is hiervoor vaak niet het beste publiek, omdat ze te ondersteunend zijn of omdat hun zorg voor u ertoe kan leiden dat ze een vooringenomen mening hebben.

Ik vond het niet zo gemakkelijk om dit soort persoonlijkheden te vinden terwijl ik er jaren naar op zoek was, maar ik zeg je dat je veel sneller en groter zult slagen als je dit soort uitgebreide speeltuin kunt krijgen voor je ideeën en gedachten.

Ik denk dat een goede mentor van grote waarde kan zijn voor jou, daarom heb ik allebei een mentor maar werk ik ook als mentor. Ik heb de grote kracht hiervan gezien en hoe het me op zoveel manieren heeft geholpen te slagen. Aangezien een mentor een persoon is die waarschijnlijk een aantal van de dingen of soortgelijke dingen heeft gedaan, terwijl je dat doet, kunnen ze hun ervaringen delen en je onderweg begeleiden, zodat je niet in loop-backs valt en vast komen te zitten bij problemen die ze eerder hebben meegemaakt.

*'Vogels van een veer komen
samen.'*

Met mensen met dezelfde geest en energie kunnen er verbazingwekkende dingen gebeuren. Het gezegde 'vogels van een veer komen samen' is een gezegde dat een enorme hoeveelheid waarheid bevat. Wanneer u uw best doet om productief te zijn, kan het dichtbij zijn van vergelijkbare mensen uw productiviteit vele malen verhogen.

Maar op de werkplek, en vooral in het ondernemersleven, is het niet zo eenvoudig om mensen te vinden met vergelijkbare doelen en waarden als toen we kinderen waren. Daarom is het zo belangrijk om een groep vergelijkbare mensen te vinden waarmee je verbonden kunt blijven en niet alleen de productiviteit kunt verbeteren, maar ook jezelf kunt verbeteren. Focus op de mensen die energie brengen en een manier vinden om de rest los te laten.

Als je veel mensen om je heen hebt, zullen sommige goed voor je zijn en sommige slecht. Het is belangrijk om te begrijpen welke goed voor je zijn en waarom, en op zijn beurt te focussen op degenen die je positieve energie geven.

Feedback is van groot belang, maar u moet weten hoe, wanneer en waarom u feedback moet geven.

Als een persoon niet begrijpt dat het de feedback is die u hem geeft of niet weet wat feedback eigenlijk is, kan hij of zij het als kritiek beschouwen, en dan verliest u het hele doel van het geven van feedback en ontvangt u waarschijnlijk een negatief resultaat.

Het is daarom belangrijk om uit de eerste hand met de persoon te praten om te zien of de persoon weet wat feedback is en hoe deze wordt gebruikt om mensen te helpen evolueren.

Begin op dat moment met het verwijderen van uw eigen 'schild' en vraag de persoon om altijd te antwoorden wanneer hij of zij de behoefte voelt om u en anderen feedback te geven.

Vraag de persoon vervolgens of hij of zij bereid is feedback te ontvangen, omdat het in sommige situaties niet geschikt is om feedback te ontvangen.

Bijvoorbeeld als hij of zij gestrest is door problemen op het werk of thuis of als de persoon geen tijd heeft gehad om te lunchen of te slapen, enzovoort. Zorg er altijd voor dat er niemand in de buurt is die hem of haar ongemakkelijk of in verlegenheid kan brengen.

Er is veel meer over feedback te leren dan dit korte hoofdstuk, maar wat ik hiermee bedoel is om je ogen te openen en je op je gemak te voelen bij het gebruik van feedback als hulpmiddel voor zelfverbetering. Overweeg om feedback te vragen om te zien hoe krachtig het is in termen van zelfverbetering.

Ik heb feedback gevraagd over dit boek van de mensen om me heen. Ik heb om feedback van anderen gevraagd, zodat ik een bredere kijk krijg op hoe mensen dit boek zien, de waarden en de zwakke punten en gebieden die ik zou moeten verwijderen of waarover ik meer zou moeten vertellen.

Met mensen met dezelfde geest en energie kunnen er verbazingwekkende dingen gebeuren. Het gezegde 'vogels van een veer komen samen' is een gezegde dat een enorme hoeveelheid waarheid bevat. Wanneer u uw best doet om productief te zijn, kan het dichtbij zijn van vergelijkbare mensen uw productiviteit vele malen verhogen.

Maar op de werkplek, en vooral in het ondernemersleven, is het niet zo eenvoudig om mensen te vinden met vergelijkbare doelen en waarden als toen we kinderen waren. Daarom is het zo belangrijk om een groep vergelijkbare mensen te vinden waarmee je verbonden kunt blijven en niet alleen de productiviteit kunt verbeteren, maar ook jezelf kunt verbeteren. Focus op de mensen die energie brengen en een manier vinden om de rest los te laten.

Als je veel mensen om je heen hebt, zullen sommige goed voor je zijn en sommige slecht. Het is belangrijk om te begrijpen welke goed voor je zijn en waarom, en op zijn beurt te focussen op degenen die je positieve energie geven.

Feedback is van groot belang, maar u moet weten hoe, wanneer en waarom u feedback moet geven.

Als een persoon niet begrijpt dat het de feedback is die u hem geeft of niet weet wat feedback eigenlijk is, kan hij of zij het als kritiek beschouwen, en dan verliest u het hele doel van het geven van feedback en ontvangt u waarschijnlijk een negatief resultaat.

Het is daarom belangrijk om uit de eerste hand met de persoon te praten om te zien of de persoon weet wat feedback is en hoe deze wordt gebruikt om mensen te helpen evolueren.

Begin op dat moment met het verwijderen van uw eigen 'schild' en vraag de persoon om altijd te antwoorden wanneer hij of zij de behoefte voelt om u en anderen feedback te geven.

Vraag de persoon vervolgens of hij of zij bereid is feedback te ontvangen, omdat het in sommige situaties niet geschikt is om feedback te ontvangen.

Bijvoorbeeld als hij of zij gestrest is door problemen op het werk of thuis of als de persoon geen tijd heeft gehad om te lunchen of te slapen, enzovoort. Zorg er altijd voor dat er niemand in de buurt is die hem of haar ongemakkelijk of in verlegenheid kan brengen.

Er is veel meer over feedback te leren dan dit korte hoofdstuk, maar wat ik hiermee bedoel is om je ogen te openen en je op je gemak te voelen bij het gebruik van feedback als hulpmiddel voor zelfverbetering. Overweeg om feedback te vragen om te zien hoe krachtig het is in termen van zelfverbetering.

Ik heb feedback gevraagd over dit boek van de mensen om me heen. Ik heb om feedback van anderen gevraagd, zodat ik een bredere kijk krijg op hoe mensen dit boek zien, de waarden en de zwakke punten en gebieden die ik zou moeten verwijderen of waarover ik meer zou moeten vertellen.

Feedback is iemands mening en afhankelijk van wie het is die je feedback geeft en het type feedback dat je hebt, kun je het met een snufje zout nemen of je zou het kunnen zien als iets waar je van moet leren en dienovereenkomstig aan moet veranderen.

Ken uw triggerpoints

Q. Op jongere leeftijd bevond ik me vaak in situaties waarin ik me als stekelvarken gedroeg; en daarmee bedoel ik dat ik een behoorlijk netelige buitenkant naar een persoon kon brengen. Hoe kan ik beter met die situaties omgaan?

Mijn gedachten hierover:

Ik realiseerde me dat dit gebeurde telkens wanneer mij werd verteld hoe ik een specifieke taak op een specifieke manier moest uitvoeren, wat me mentaal weer op school zette waar mij werd verteld hoe ik dingen moest doen zonder voldoende informatie te krijgen over waarom ik het zo moest doen en wat ik ervan moet leren. Ik dacht na over waarom dit gebeurt en realiseerde me dat ik het niet leuk vind om te horen dat ik een taak op een specifieke manier moet uitvoeren. Misschien voelen velen van u zich van tijd tot tijd hetzelfde?

Ze kunnen me vertellen welk resultaat ze nodig hebben, maar ik werk meestal het beste als ik mijn eigen weg mag vinden om het resultaat te bereiken, in plaats van dat iemand me elke stap die ik moet volgen als een machine laat overhandigen.

Ik weet dat velen hetzelfde denken over het krijgen van een handleiding, maar wat ik voorstel is dat je dit gevoel verwelkomt en begrijpt dat dit je geest is die je zegt om de stroom niet te volgen, maar om het op jouw manier te doen. Het wordt misschien niet altijd precies zo gedaan zoals het bedoeld was en misschien sta je daar toen je dat IKEA-meubel monteerde met een zak schroeven die je niet hebt gebruikt, maar je weet dat iedereen volgens de handleiding moet worden gebruikt.

Door dit over mezelf te weten, schreef ik dit boek als een gids en probeerde ik je voorbeelden uit te leggen en te geven, zodat je de ideeën die ik deel kan gebruiken op een plek die voor jou natuurlijk aanvoelt in plaats van simpelweg de instructies te volgen.

LIJM:] Identificeer wat je waardeert

Neem pen en papier en schrijf een lijst op van wat je graag doet, los van je werkschema; wat je hobby's zijn, etc.

Bijvoorbeeld:

- *Ik hou van wijn, maar heb op dit moment geen interesse om een expert te worden. Ik hou van de wijn die ik lekker vind en ik neem niet de moeite om te weten waarom ik van die bepaalde druif, dat land, of die blend of die wijngaard houd. Ik besloot me met andere dingen bezig te houden.*
- *Ik hou van extreme sporten / adrenaline sporten. Maar tegenwoordig, omdat ik een dochter en gezin heb, heb ik niet het gevoel dat ik mijn algehele gezondheid kan opofferen, omdat ik daar moet zijn om ze te "beschermen". Het is een beslissing die ik zelf heb genomen en geen voorwaarde waarin ik ben geplaatst.*
- *Ik hield van onze hond Monaco, die me energie, liefde en tijd gaf om sommige van mijn gedachten tijdens onze wandelingen op een andere manier te verwerken.*

Weet waarom je van sommige dingen houdt en van andere niet, omdat je hierdoor beter zult begrijpen wat je een stekelvarken maakt en waardoor je de beste versie van jezelf wordt.

Identificeer uw triggerpunten en noteer drie antwoorden op de volgende opsommingstekens.
Wat maakt jou:-

1. *Ontspannen.*
2. *Benadrukt.*
3. *Gelukkig.*
4. *Verdrietig.*
5. *Boos.*
6. *Gericht.*
7. *Productief.*
8. *Niet productief.*

9. Geïnspireerd.
10. Bekrachtig

gemakkelijk uit te drukken zijn op de werkplek waar iedereen een rol heeft en specifieke resultaten, het helpt iedereen om de kans te krijgen om de bijdrage van elk lid te zien. Denk bij het werken met anderen na over wat uw wederzijdse voordelen zijn. Wat u voor anderen kunt doen en wat anderen voor u kunnen doen. Omdat we allemaal bepaalde eigenschappen bezitten, maar niet allemaal.

Hoe ik mijn werk doe?

Q. Waarom wil ik eerst meer weten over de persoonlijkheid van
iemand en dan nadenken over hun rollen of titels?

Mijn gedachten hierover:-

Als kind leerde ik dat we allemaal anders zijn. Als lid van de
scouts in Zweden heb ik dingen geleerd die ik nooit op school heb
geleerd. Maar wat nog belangrijker was, ik kon met mijn eigen
ogen zien hoe iedereen van mijn school, die deel uitmaakte van
verschillende groepen, de coole kinderen, de gepeste kinderen, de
stille kinderen, het schattige meisje enzovoort, niet in de rij
hoefden te vallen zoals je nodig had op school en volg de
instructies van de leraar.

Ik leerde dat het stille kind vogels en andere dieren kende bij hun
naam in het Zweeds en in het Latijn, het gepeste kind was
supersterk en kon zware dingen opheffen, het coole kind was
razendsnel en het schattige meisje had geweldige
schrijfvaardigheden. Als team konden we elk probleem oplossen
omdat we een mix waren van verschillende tools.

Destijds denk ik dat mijn grootste kracht was dat ik graag hout
hakte en goed was met vuur en touwen.

De waarde van onze verschillende sterke punten is iets dat de
school me nooit heeft kunnen laten zien en ik ben heel blij en
gelukkig dat ik dat heb ervaren, omdat het de uitkomst van mijn
leven heeft veranderd.

Er zijn veel manieren om efficiënte teams op te bouwen, waarover
ik maar door kan gaan, maar ik leg de waarden graag uit met één
voorbeeld, de 'Escape Room'. Als je het goed doet, leg dan het
concept eerder uit aan de teamleden, dat het gaat om iedereen die
zich richt op hun kracht en buiten hun comfortzone stapt.
Analyseer daarna de resultaten binnen de teams om er zeker van
te zijn dat u er het maximale uit haalt.

Escape rooms zijn iets dat bijna overal ter wereld te vinden is in grootstedelijke steden en dat bedrijven zeer waarderen als teambuildingactiviteiten. De medewerkers werken samen om de raadsels en mysteries van de kamer op te lossen.

Deze oefening helpt de teamleden zich te binden en te leren over elkaars sterke punten en capaciteiten die misschien niet zo.

[LIJM:]

Om meer te weten te komen over de sterke punten en hun beperkingen van andere mensen, moet u bereid zijn om ze gedetailleerd te leren kennen. Het spreekt voor zich, maar je zult nooit leren als je het niet vraagt.

Terwijl je leert vragen, begin je al snel te begrijpen hoe je de juiste vragen moet stellen en wanneer.

Als je taken in een groep doorneemt, kijk dan hoe mensen reageren, kijk wie opvalt en wie probeert te zwijgen. Praat persoonlijk met hen, in plaats van in de groep, en vraag wat zij van de taken vinden.

Vraag wat ze echt leuk vinden en waarom de werkingssfeer verbreed en vraag waarom ze doen wat ze doen en wat ze als kind wilden worden. Vraag wat ze zouden willen doen als ze hardop droomden.

Vraag hen wat ze over 1, 5 of 10 jaar willen doen. Je zou ze zelfs kunnen vragen naar hun hobby's en waarom hebben ze deze hobby's; wat vinden ze leuk aan de hobby en waarom.

Iemand zou bijvoorbeeld kunnen zeggen dat Netflix hun hobby is, in eerste instantie klinkt het misschien raar, maar als je de simpele vraag stelt, waarom? Het antwoord kan zijn dat hij of zij geïnteresseerd is in hoe ze nieuwe acteurs in staat stellen die geen Hollywood-trackrecord hebben, of hoe ze hun platform gebruiken om mensen te beïnvloeden en hun denken en hun kijk op de wereld te sturen, of misschien omdat het de alleen wanneer ze het hele gezin bij elkaar hebben.

Open de doos van hun pandora om ze te helpen evolueren, en je zult zien hoe ze samen met jou een kaart zullen schilderen en je dingen laten zien die je nooit zou zien als je er niet om had gevraagd.

Ze zullen vaak vertrouwen in je vinden en je hebt nu een persoon
die je zal steunen, net zoals jij hem of haar steunt, gewoon door te
laten zien dat je echt geïnteresseerd bent.

74

'*Je zult nooit leren als je het niet vraagt.*'

Indrukken

Tijdens een indrukwekkende weekendtraining, die ik een paar jaar geleden deed, kwam ik met iets nieuws voor mij. Hierdoor heb ik veel geleerd over hoe mensen mij zien en wat mensen van mij denken.

We hebben dit al gedaan in de eerste lijmoefening, maar om de oefening uit te breiden, moet je dit doen:

Om dit te laten werken, kunt u het beste rekening houden met iemand, of zelfs een groep mensen, die u een tijdje geleden kent (slechts een paar dagen of misschien zelfs een paar uur geleden). Het kan ook worden gedaan met mensen die u al langer kent, maar de tijd dat u de eerste indruk op hen maakte, is misschien al uit hun herinneringen verdwenen.

Vraag de persoon, of beter nog, vraag een stel mensen één voor één naar hun eerste indruk van jou. Als je dit doet aan het einde van een cursus of een ander type nieuwe groepsactiviteit waaraan je hebt deelgenomen, hebben ze mogelijk allemaal dezelfde informatie over jou om hun eerste indruk op te baseren. Bijvoorbeeld uw houding, uw kleding, hoe u spreekt, wat u zegt en wat ze horen, want wat u zegt, is niet altijd wat mensen horen; ze zullen je woorden combineren met hoe je jezelf presenteert. Of misschien denken ze dat je een onderliggend doel hebt en baseren ze hun eerste indruk op veronderstelling en heel weinig feiten.

Terwijl je dit doet, moet je de persoon met wie je praat uitleggen dat je dit doet als een experiment om meer te begrijpen over hoe mensen je zien en, nadat je hebt leren kennen wat ze op hun manier hebben veranderd om naar jou en hun veronderstellingen over jou te kijken.

Schrijf op wat ze zeggen over de vraag: "Wat zijn je eerste indrukken van mij in niet minder dan 10 woorden of kogels maar niet meer dan 100 woorden." Het is bedoeld als de essentie van hun gevoelens, en je wilt het eerste naar boven halen dat in hun opkomt.

Stel nu, op een later moment, de andere vraag: 'Vertel me alstublieft over uw huidige indruk van mij. Is het hetzelfde als voorheen of is het veranderd nadat je meer over mij hebt geleerd?'

Neem de antwoorden door en kijk wat de meeste mensen hebben beantwoord. Vind je de eerste indruk die ze van je hebben leuk? Kun je iets doen om het positiever te maken? Of wat kunt u nog meer over uzelf leren van deze eenvoudige test?

Herinner je je de oefening die je deed uit het eerste hoofdstuk, waarin ik je vroeg om je mening te schrijven op basis van de foto van mezelf? Dit is dezelfde formule, maar deze keer implementeer je dit vanuit je perspectief voor je retrospectie.

Laat je geest doordringen met informatie.

Q. Waarom herinner ik me sommige dingen en andere dingen zijn veel moeilijker te onthouden?

Mijn gedachten hierover:-
Door meerdere vragen te stellen, ook al begreep ik vanaf het eerste antwoord dat ik kreeg, kreeg ik een dieper begrip van niet alleen het onderwerp in kwestie, maar ook de gebieden eromheen.

Maar laat je geest niet overspoelen met dingen waar je niet om geeft, of dingen die je gemakkelijk kunt achterhalen, zoals telefoonnummers. Het is waarschijnlijk beter om telefoonnummers in uw telefoon te hebben dan dat ze de hersencapaciteit in uw geest bezetten. Zelfs als je een eindeloze capaciteit hebt om dingen te onthouden, vereist het opnemen in je hersenen energie die je misschien zou willen uitgeven aan belangrijkere dingen.
Je leert nieuwe dingen leren, terwijl je nieuwe dingen leert. Ik probeer elke dag een enorme hoeveelheid informatie op te nemen.

Ik verwerk informatie van ongeveer 5-15 Ted-gesprekken en 2-4 zakelijke literatuurboeken per week, als voorbeeld van hoeveel goede informatie ik verwerk, en dit telt niet eens alle andere "standaard" -informatie uit mijn dagelijkse werk, de startup-initiatieven waar ik bij betrokken ben of mijn dagelijks leven.

Ik heb me gerealiseerd dat een boek dat ik interessant vond, bijna net zo interessant kan zijn, en soms zelfs nog interessanter als ik het pas 6-12 maanden later opnieuw lees. Dit komt omdat ik ben geëvolueerd en nu andere delen van het interessante boek vind of begrijp wat de auteur probeerde te zeggen.

Laat je geest doordringen met informatie.

Q. Waarom herinner ik me sommige dingen en andere dingen
   zijn veel moeilijker te onthouden?

Mijn gedachten hierover:

Door meerdere vragen te stellen, ook al begreep ik vanaf het eerste antwoord dat ik kreeg, kreeg ik een dieper begrip van niet alleen het onderwerp in kwestie, maar ook de gebieden eromheen.

Maar laat je geest niet overspoelen met dingen waar je niet om geeft, of dingen die je gemakkelijk kunt achterhalen, zoals telefoonnummers. Het is waarschijnlijk beter om telefoonnummers in uw telefoon te hebben dan dat ze de hersencapaciteit in uw geest bezetten. Zelfs als je een eindeloze capaciteit hebt om dingen te onthouden, vereist het opnemen in je hersenen energie die je misschien zou willen uitgeven aan belangrijkere dingen.

Je leert nieuwe dingen leren, terwijl je nieuwe dingen leert. Ik probeer elke dag een enorme hoeveelheid informatie op te nemen.

Ik verwerk informatie van ongeveer 5-15 Ted-gesprekken en 2-4 zakelijke literatuurboeken per week, als voorbeeld van hoeveel goede informatie ik verwerk, en dit telt niet eens alle andere "standaard" -informatie uit mijn dagelijkse werk, de startup-initiatieven waar ik bij betrokken ben of mijn dagelijks leven.

Ik heb me gerealiseerd dat een boek dat ik interessant vond, bijna net zo interessant kan zijn, en soms zelfs nog interessanter als ik het pas 6-12 maanden later opnieuw lees. Dit komt omdat ik ben geëvolueerd en nu andere delen van het interessante boek vind of begrijp wat de auteur probeerde te zeggen.

'*Laat je geest niet
overspoelen met dingen
waar je niet om geeft.*'

Elevator pitch

Q: Hoe kan ik mijn prestatie presenteren zonder dat mensen denken dat ik over mezelf opscheppen?

Mijn gedachten hierover:-

Dit is iets dat ik altijd moeilijk vond, om eerlijk te zijn.

Je kunt mensen niet zomaar blijven vertellen wat je hebt bereikt, want voor velen kan het worden beschouwd als opschepperij. Maar mensen met vergelijkbare prestaties zullen begrijpen dat het geen opschepperij is, maar eerder een presentatie van wie je bent en welke obstakels je hebt overwonnen.

Als je een nieuwe persoon ontmoet, moet je analyseren wat voor persoon ze zijn om te weten in wat voor verhalen ze geïnteresseerd zouden kunnen zijn.
Als je het nu goed analyseert en gelooft dat je een collega-ondernemer voor of naast je aan tafel hebt staan, zou je hen je prestaties kunnen presenteren om grip te krijgen en in de toekomst potentieel respect onder je op te bouwen.

In het geval dat de mensen om je heen niet op hetzelfde niveau zijn, kan het zelfs naar buiten komen als je opschept of een charlatan bent. Zie je, dit kan een echt probleem worden als je het niet goed aanpakt.

Dus om het beste uit dergelijke situaties te halen, keek ik rond en kwam ik een oplossing tegen.

Voor degenen onder u die nog geen liftpitch hebben gehoord of niet kennen, volgt hier een samenvatting.

Het idee achter een elevator pitch is dat je ongeveer 20-30 seconden de tijd hebt om te zeggen waar je een indruk van wilt maken.

jij op de andere persoon. Kortom, alsof je met iemand in een lift praat totdat een van jullie de bestemming bereikt. Het vergt oefening, maar als het goed wordt gedaan, kan het een blijvende indruk achterlaten.

Houd er rekening mee dat uw elevator-pitch u eerst moet opwinden. Immers, als je niet enthousiast wordt over wat je zegt, zal je publiek dat ook niet doen. Mensen herinneren zich misschien niet alles wat je zegt, maar ze zullen waarschijnlijk je enthousiasme onthouden.

U moet de zoekwoorden identificeren. Dit zijn woorden van extra belang.

Maak indruk zonder op te scheppen. Geef ze het gevoel dat het van wederzijds voordeel is om in contact te komen en dat je ze graag in je professionele netwerk wilt hebben.

Oefen je pitch, neem het op, luister ernaar, verander het en doe het allemaal opnieuw, totdat je voelt dat het goed genoeg is.

Ga nu naar een vriend en test het en vraag om hun mening erover. Neem geen genoegen met een - "het is goed". Je moet weten welke specifieke onderdelen ze onthouden en welke andere onderdelen ze niet onthouden.

Hebben ze het goed begrepen? Wat herinnerden ze zich niet en is het van groot belang dat ze het onthouden?

Vergeet niet om uw elevator pitch indien nodig aan te passen aan verschillende doelgroepen. Houd het in korte zinnen, want het is gemakkelijker om een korte zin te volgen en te onthouden dan een langere.

Spreek uit, spreek met een hoger volume dan u normaal zou doen; niet alleen om ervoor te zorgen dat de persoon je hoort, maar ook om op te vallen in de vorm van energie, en de energie en kracht te tonen aan de luisteraar. Gebruik je handen om je gevoelens te benadrukken.

Pauzeer tussen de zinnen om er zeker van te zijn dat de zin is ingesteld. Dit helpt ook bij het behouden van de indruk van een kalm en doelgericht persoon.

Sluit elke zin af met een neerwaartse buiging. Volg uw verklaringen met de bevestiging dat ze nog steeds over het onderwerp en geïnteresseerd zijn. Als ze niet kunnen volgen, zal dit je helpen om als autoriteit over het onderwerp beter op te vallen dan wanneer je gewoon je lichaamstaal gebruikt.

Spreek niet te formeel of in gesloten zinnen. Onthoud dat dit geen toespraak is, maar een gesprek. Een eenzijdige lezing verliest de interesse van de andere partij vrij gemakkelijk.

Uw USP (Unique Selling Proposition) moet ook in uw toespraak worden opgenomen.

Voorbeeld: Hoi. Mijn naam is Karl Lillrud. Ik ben al 23 jaar ondernemer en met mijn enorme ervaring met het opstarten van organisaties en het helpen van bestaande organisaties om sneller te groeien en ondernemender te worden, ben ik gaan werken als spreker en TED talk presentator. Tegenwoordig reis ik de hele wereld over als spreker en mentor. Dit alles komt door mijn grote interesse in het doen van de onmogelijke en inspirerende mensen om hetzelfde te doen; waarover je meer kunt leren van mijn eerste TED-talk als je dat wilt.

Verfijnd:

- Ervaren.
- Ondernemer.
- Luidspreker, mentor en TED-luidspreker.
- Beëindig het met herhaling, samenvatting of oproep tot actie.

Stel, nadat u uw elevator pitch heeft gegeven, een vraag die een positief antwoord oproept.

"Ik zou heel graag met je willen lunchen om te bespreken hoe we met je kunnen communiceren en te begrijpen hoe ik je kan helpen je doelen te bereiken."

Hier is een eenvoudige lay-out die je kunt gebruiken:

[Hallo / Hallo.
Uw naam.
Titel & organisatie.
Wat doe je.
Specificeer uw doel.
Welke problemen los je op]

Vertel ze niet hoe je het oplost. Als ze geïnteresseerd zijn, boek dan een bijeenkomst waar ze hun probleem kunnen beschrijven, zodat u een klantgerichte oplossing kunt bieden.

- Ga in gesprek met een vraag.
- Geef je visitekaartje af.
- Maak contact met hen op LinkedIn of andere dergelijke sites en stuur een leuke one-liner (bijvoorbeeld: "Leuk je net te ontmoeten en ik kijk uit naar die ontmoeting").

Vraag andere mensen naar hun elevator pitch. Luister goed naar wat ze zeggen en hoe ze het zeggen. Zorg ervoor dat de toonhoogte is afgestemd op uw publiek.

'Vertel ze niet hoe je het oplost.'

Mannen versus vrouwen als ondernemers

Q. Uit persoonlijke ervaring heb ik gezien dat het niet zo
gebruikelijk is om vrouwelijke ondernemers tegen te komen.
Waarom is het zo?

Mijn gedachten hierover:

Ik denk niet dat dit komt omdat mannen creatiever zijn dan
vrouwen. Vrouwen zijn eerder creatiever en volgen niet
noodzakelijkerwijs dezelfde regels als mannen, en dus hebben ze
hun eigen manier van zakendoen.

Onze samenleving beperkt ons vaak naar ons geslacht en
definieert onze rollen voor ons. Ik geloof dat dit een eigenschap is
die helemaal uit het holbewoners-tijdperk is doorgegeven. In die
tijd was het normaal dat de mannen en de vrouwen verschillende
rollen kregen toegewezen om voor het gezin te zorgen.

Mannen moesten jagen en middelen kopen om alle anderen in het
gezin te onderhouden, terwijl de vrouwen thuis bleven en voor de
kinderen zorgden en andere soortgelijke klusjes deden. Deze
eigenschap is zelfs te zien in een moderne samenleving waar
jongens worden aangemoedigd om avontuurlijk te zijn en te leren
van hun fouten, terwijl meisjes gewoonlijk goed worden
beschermd; ze worden er vaak van weerhouden even vrij te zijn
en worden minder aangemoedigd om risico's te nemen.

Daarom groeien mannen actief op om hun grenzen te verleggen,
creatief te zijn en buiten de kaders te denken, terwijl vrouwen leren
bewuster en voorzichtiger te zijn met wat er in hun omgeving
gebeurt. Vrouwen kunnen onder bepaalde omstandigheden echter
onnatuurlijk kritisch denken vertonen en komen met oplossingen die
mogelijk niet zichtbaar zijn voor anderen wanneer ze een bedreiging
voor hun familie of naasten voelen. In dergelijke gevallen kunnen zij
maatregelen nemen om het gevaar zoveel mogelijk te voorkomen.

Wat ik probeer te zeggen is dat ze hetzelfde potentieel hebben voor creatief denken als mannen, en toch worden ze om maatschappelijke redenen vaak onderschat of beperkt tot grenzen. Als u het niet met me eens bent of andere theorieën heeft, zou ik graag uw mening over deze kwestie willen horen.

Q. Hoe kunnen we voorkomen dat we dezelfde 'fouten' maken en in plaats daarvan onze kinderen gelijk behandelen zonder dat gender een rol speelt?

Mijn gedachten hierover:-

In het geval van onze dochter Wilhelmina kan ik zeggen dat ik niet geloof dat ik haar heb kunnen onthouden van dingen die ik haar in eerste instantie fysiek zou kunnen aandoen, maar dat ze langzaam meer zou leren over haar specifieke fysieke vermogens en hoe je dingen kunt vermijden die pijn veroorzaken.

Ik heb er echter voor gekozen om me te concentreren op de dingen waardoor ze blijft evolueren om een mentaliteit op te bouwen die is gebaseerd op mijn overtuigingen en om dingen niet alleen op de zogenaamde bedoelde manier te laten werken, maar ook om andere wegen te vinden.
Laat me dit in meer detail uitleggen in een lijmoefening.

[LIJM:]

Als ouder zijn wij het antwoord op alle vragen in de ogen van onze kinderen.

Zelfs voordat ze kunnen praten, beginnen we uit te leggen hoe ze dingen moeten doen, zowel in woorden als door te laten zien.

We zullen zien hoe ze gefrustreerd raken als ze de dingen niet op dezelfde manier kunnen doen als wij, en zo komt er woede.

We willen voorkomen dat onze kinderen van streek raken, zowel voor hen als voor ons, om een goed dagelijks leven te leiden.

Dus in plaats daarvan doen we het voor hen, we helpen ze met het eten van hun eten om het voedsel te snijden, binden hun schoenveters, uiteindelijk denken we dat ze groot genoeg zijn om deze klusjes alleen te doen en ze beginnen verbaal te communiceren over waarom ze niet kunnen doen dingen en dat ze gewoon opgeven.

Het is de gemakkelijkste truc om ons zover te krijgen dat ze het voor hen doen, zoals ze uit ervaring van eerdere evenementen hebben gezien.

Ik heb moeite gehad om mijn dochter te inspireren om erachter te komen hoe dingen zijn of hoe dingen kunnen worden gedaan of zelfs hoe we andere manieren kunnen vinden om dit te doen zonder naar eerdere oplossingen te kijken.

Als ze met een vraag naar me toe komt, laten we dan een paar verschillende voorbeelden voor je nemen om je geest te trainen en snel antwoord te krijgen de volgende keer dat dit voor jou gebeurt.

Hoe werkt dat.

1. creditcard.
In mijn dagelijks leven betaal ik meestal met een creditcard, waardoor het voor mijn dochter niet duidelijk was wat geld was en hoeveel we hadden, omdat we net onze kaart hadden geveegd, en tegenwoordig met de contactloze betalingsopties met.

telefoons en smartwatches zal het begrip voor geld en de waarde ervan nog meer vervagen omdat we geen contact hebben met contant geld en zelfs niet met een portemonnee en een specifieke kaart bij het doen van de betalingen.

Leg de waarde van geld uit en het verschil tussen valuta en wat inflatie voor een valuta betekent

2. wolken.
Terwijl ik met onze dochter vloog, vroeg ze me of we ooit op de wolken konden wandelen en ik vertelde haar dat we er dwars doorheen zouden vallen. Ze antwoordde duidelijk: 'Waarom?'

Dus legde ik het concept van water uit en hoe het door cycli gaat die uiteindelijk eindigen met regen. Maar toen vroeg ze me hoe de druppels kunnen blijven zitten en ik kon haar niet meteen antwoorden.

Dezelfde avond voordat we naar bed gingen, hebben we samen het onderwerp onderzocht en kwamen we erachter dat elke waterdruppel die uit de lucht valt een combinatie is van 1 miljoen verdampte microwaterdruppels.

Even terzijde, ze leerde ook hoe wanneer het water uit de zee ontsnapt, het geen zout met zich meedraagt. Ze wist al dat planten niet kunnen overleven met te veel zout water, dus ze was nieuwsgierig naar planten die zeewater verpesten als het regent.

3. productie van katoen.
Op een andere dag vroeg ze me waar kleding vandaan komt en de stof waar ze van gemaakt zijn.
Samen hebben we het onderwerp onderzocht om het antwoord te vinden, we hebben gekeken naar het volledige proces van velden met katoen die in de fabrieken zijn verwerkt en vervolgens zijn verwerkt tot een stof die vervolgens naar de modefabrieken is gestuurd waar ze ook wilde begrijpen waarom een soortgelijk t-shirt kan erg duur zijn in een merkwinkel en net zo goedkoop in een plaatselijke winkel.

Hoe het label een aantrekkingskracht heeft gecreëerd, maar ook een gevoel van kwaliteit en stijl dat ze gebruiken bij het prijzen van de producten, maar ook dat sommigen beter materiaal gebruiken, maar sommigen hebben er gewoon voor gekozen om een hoge prijs te hebben.

Samen gaan we de volledige cyclus door om te proberen uit te leggen vanaf het begin tot het einde, om ervoor te zorgen dat ze voldoende context en begrip heeft over het onderwerp om het in haar hoofd te vertalen naar iets dat bruikbaar is voor de toekomst.

Hoe doe ik dit?

Dit is een van mijn favoriete onderwerpen. Tegenwoordig leiden de meeste mensen een leven waarin ze het gevoel hebben dat ze nooit genoeg tijd hebben. Het antwoord op de vraag "hoe doe ik ...". kan zijn "je doet het zo"

waar je het eigenlijk doet zonder uit te leggen en de stappen te doorlopen.

En ik ga graag een paar stappen verder.

Toen Wilhelmina al voordat ze begon te praten om hulp vroeg bij het doen van dingen, liet ik haar niet zien hoe het moet.

In plaats daarvan heb ik altijd geprobeerd haar te laten zien hoe ze de dingen zelf kan oplossen, haar in een richting wijzend, maar haar niet de weg wijzend. Als ze vast komt te zitten, kan ik haar creativiteit misschien pushen door een aantal misschien domme manieren te laten zien dat je dezelfde stap zou kunnen doen om haar te laten zien dat er veel andere manieren zijn. De voorbeelden die ik geef, geven haar misschien niet het resultaat dat ze nodig heeft, maar ze opent nu haar ogen voor alternatieven en al snel komt ze er zelf achter.

Dit bouwt haar trots op en gelooft in zichzelf, het bouwt kracht op en niet gelooft, maar knowhow en macht dat wanneer ze voor een probleem wordt gesteld waar de meeste andere mensen zouden zeggen dat ze het niet kunnen oplossen, ze het zal verdraaien, spiegelen , zet het ondersteboven en bekijk het vanuit andere hoeken en probeer de opties te achterhalen, want er is nooit maar één manier.

Ze is opgevoed met de mantra, niets is onmogelijk.

Als kind daagt ze me graag zo nu en dan uit en onlangs had ze nagedacht over één ding dat volgens haar onmogelijk was.

-Pap, als je in een vulkaan valt en een haai je achtervolgt, is het onmogelijk voor je om te overleven.

-In die situatie zou ik de haai nemen omdat hij dood is zonder water in de buurt en op de rug springen en erop surfen over de lava om de vulkaan te verlaten.

Zie, het gaat er niet om te laten zien dat het altijd mogelijk is, maar om haar te laten zien dat elk verhaal en elke oplossing of probleem meer kanten heeft, en ik heb zojuist enkele aanvullende feiten genoemd die me zonder een kras uit de situatie hebben gehaald ... toch! In werkelijkheid zou ik zijn opgebrand voordat ik zelfs maar in de buurt van de lava was gekomen.

Wanneer je wordt gevraagd, hoe je dat doet, leg ik uit hoe, maar vraag ook wat we nog meer kunnen doen om hetzelfde doel te bereiken of wat we nog meer kunnen maken met de tools en de bouwstenen die we hebben. Ik geloof dat door hen te laten nadenken over alternatieve toepassingen en alternatieve methoden, je hun creatieve geest traint om deze te laten groeien en hun creatieve denken te verbeteren.

Familie en vrienden.

Familie en vrienden zijn erg belangrijk en naarmate je meer en meer als ondernemer werkt. Je kunt gemakkelijk het contact verliezen met de mensen die echt om je geven.

Op dat moment is het erg belangrijk om te bepalen hoe u de tijd voor het persoonlijke, professionele en sociale leven afzonderlijk kunt beheren. Probeer jezelf niet te overwerken. Dat gezegd hebbende, is het belangrijk om vast te stellen hoeveel te veel is volgens uzelf en uw vereisten.

Bereken vervolgens hoeveel uur je wilt werken zonder het contact met vrienden en familie te verliezen.

Identificeer en kies timings wanneer niet werken.

Als ik ga slapen, zet ik mijn telefoon altijd in de vliegtuigmodus. In het begin begon ik met de modus 'niet storen', maar al snel besloot ik dat ik niet wilde dat mijn telefoon ooit ontvangst kreeg terwijl ik sliep. De wereld zou niet eindigen en elk probleem dat kritiek zou kunnen zijn, zou moeten wachten tot ik 's ochtends opstond. Dit hielp me om mijn slaap te verbeteren, wat op zijn beurt mijn productiviteit verbeterde.

Toen mijn telefoon niet in de vliegtuigmodus stond, was een klein deel van mijn brein nog steeds actief om elke inkomensboodschap of oproep te verwerken, misschien niet op een manier die ik wist, maar nog steeds op een manier die een deel van mijn aandachtsspanne gebruikte en energie. Ik denk graag dat dit fenomeen vergelijkbaar is met een apparaat in de standby-modus, het gebruikt nog steeds wat stroom, maar misschien slechts een paar procent vergeleken met wanneer het wordt gebruikt.

Als ik op vakantie ga, doorloop ik mijn e-mailinstellingen en aangezien ik verschillende e-mailaccounts heb voor verschillende projecten en klanten, kies ik ervoor om een aantal mailboxen op mijn telefoon te deactiveren waarvan ik weet dat ze kunnen wachten tot ik terug ben. Door dit te doen filter ik de geselecteerde eruit. Dit hielp me om mijn vakantie te verbeteren en ik voelde me meer ontspannen toen ik weer aan het werk ging.

Ik heb ook een andere eenvoudige maar effectieve methode gebruikt om het werk en mijn privéleven te scheiden.

In plaats van één e-mailapp op mijn telefoon te hebben, installeer ik er een die ik gebruik voor mijn eigen mailboxen en een aparte e-mailapp voor mijn zakelijke e-mail. Door dit te doen kan ik ervoor kiezen om pushberichten op de werkpostbus te deactiveren en niet gestoord te worden buiten kantooruren wanneer ik niet betaald word door de klant om te werken.

Mijn kennis en ervaringen doorgeven

Q. Wat kan ik doen om andere mensen te helpen met
soortgelijke strubbelingen die ik in mijn verleden heb
gewerkt?

Mijn gedachten hierover:-

Voor mij is een van de mooiste ervaringen het delen van mijn
kennis en gedachten met mijn dochter. Maar ik realiseer me ook
dat het een eigen nadeel heeft. Ik zou niet zijn wie ik nu ben als
ik al die dingen niet had geleerd door experiment en ervaring.
Daarom heb ik moeite om te redeneren of het oké is om haar deze
kennis gewoon door te geven in plaats van haar zelf te laten
ontdekken.
Daarom probeer ik haar nu naar de juiste richting te duwen zonder
te bot te zijn in hoe ik het moet doen. Een fout die veel ouders
maken, is om hun kinderen alles zonder enige twijfel te geven en
de kinderen hoeven bijna nergens voor te vechten. Op uw kind
kunnen vertrouwen om na een val zelfstandig te kunnen staan, is
een zeer cruciale eigenschap als ouder.

Een kind dat in zijn of haar jeugd niet veel moeite heeft gehad om
wat dan ook, heeft het vaak moeilijk als ze opgroeien; als ze
beseffen dat ze zelf dingen moeten gaan doen, vooral als ze op
zoek moeten gaan naar een baan.

In plaats van uw kind gewoon een wekelijkse toelage te geven als
zakgeld of om hun wekelijkse uitgaven te dekken, vraagt u hen om
taken te bedenken waarvan zij denken dat ze ze kunnen doen. Dit
kan zoiets zijn als de afwas doen, het huis afstoffen, de was doen,
enz. Het is dan aan hen om hun idee aan de ouders te presenteren en
om een bedrag te vragen waarvan ze vonden dat ze het verdienden
voor het werk. De ouders kunnen dan dienovereenkomstig
accepteren of onderhandelen.

Dit omvat wat we bespraken in het hoofdstuk over de
gelukscoupons, maar omvat ook zoveel meer elementen zoals
creativiteit, weten wat je waard bent, je eigen pad vinden.

Het is bijna als een startup met een idee (het product) dat u aan uw doelklant wilt verkopen.

Dus in plaats van simpelweg geld aan hen over te dragen, kunt u hen niet alleen leren over de taken die ze willen uitvoeren, maar ook over geldbeheer en hoe werkgelegenheid in de echte wereld werkt.

Vijfde sectie:

Je innerlijke stroom vinden en de efficiëntie verhogen

Leven buiten het kantoor

Gewoonten kunnen een tweesnijdend zwaard zijn

Onsterfelijkheid

Alles verzamelen

Houd uw dag bij en analyseer hoe u gebruikt jouw tijd

Maak je geest leeg

Gedwongen ontspanning

Gezondheid

Voedsel en voeding

Denk na over je doelen en focus je erop
Identificeer je natuurlijke bron

Q: Waar komen de ideeën vandaan en hoe kan ik ze allemaal bijhouden?

Mijn gedachten hierover:-

Ik realiseerde me dat ik een soort ideeënmachine ben, hoogstwaarschijnlijk omdat mijn geest zich niet meer op de obstakels concentreert wanneer ik het nodig heb om creatief te zijn en ik mezelf in een probleemoplossende modus zet. Ik opereer dan in een soort brainstormuitrusting waarbij ik gewoon doorzet met goede en soms niet zo goede ideeën, maar het doel op dat moment is om altijd in beweging te blijven. Stap voor stap, sommige stappen zorgen ervoor dat ik achteruit ga, maar als dat gebeurt, leer ik zoveel meer dan wanneer ik altijd in de goede richting zou bewegen en onvergelijkelijk meer dan wanneer ik gewoon zou stilstaan.

Maar de volgende uitdaging is dat er geen assemblagelijnen zijn om constant de dingen te behandelen die mijn geest produceert. Dus na een korte tijd wordt het allemaal opgestapeld en realiseerde ik me dat ik af en toe mijn hoofd leeg moest maken.

Ik heb dit gedaan met de mindmaps en ik begon een mindmap genaamd 'Ideeën' waar ik al mijn ideeën opschrijf. Na een tijdje en na verschillende sorteringen en hergroeperingen voelde ik de behoefte aan een filterfunctie.

> Door de manier waarop ik mijn geest heb ontwikkeld en min of meer gedwongen om te werken, kwam ik te weten dat niet alle ideeën moeten worden gebruikt. Ik heb een scorekaartsysteem gemaakt voor mijn ideeën om het doel van een filter te vervullen.

"Ik heb een scorekaartsysteem gemaakt voor mijn ideeën"

[LIJM:] Het filter

De manier waarop ik mijn filter heb ontwikkeld, is door alle voor- en nadelen op te schrijven. Een paar criteria die ik heb gebruikt, staan hieronder vermeld.

- *Hoe kan je geld verdienen?*
- *Hoe te onderhouden?*
- *Hoe op de markt brengen?*
- *Hoeveel tijd krijg ik terug?*
- *Hoe dicht ben ik bij een oplossing?*
- *Geld op de markt.*
- *Hoeveel geld krijg ik terug?*
- *De benodigde middelen.*
  - *Hoeveel?*
  - *Welk type?*
  - *Prijs.*
- *Hoe ziet het eruit bij concurrenten?*
  - *Lokaal.*
  - *Wereldwijd.*
- *Onderbuikgevoel.*
- *Het uiterlijk.*

Door al uw zakelijke ideeën op te schrijven (ja, allemaal! En door de stappen in dit boek te volgen, vertrouw ik erop dat er veel zullen zijn), zult u de lijst kunnen doorlopen of bij voorkeur een mindmap en structureer ze één keer per jaar of zo vaak als u geschikt acht. En terwijl u de verschillende ideeën structureert, zult u zien welke bedrijfsgebieden uw geest domineren, en ook ideeën vinden die elkaar aanvullen of goed bij elkaar passen en nieuwe ideeën vinden die de hiaten opvullen.

Terwijl je deze methode leert gebruiken, train je je geest om de ideeën op te pikken en begin je ze te verwerken, wat zal leiden tot meer ideeën van dag tot dag en je zal helpen je zintuigen te verfijnen.

Zie je, er zijn overeenkomsten met het vorige onderwerp waarover we hebben gesproken, die gingen over het niet stellen van vragen of het niet diep genoeg nastreven van de antwoorden.

Terwijl u de lijst met ideeën doorneemt, zult u zien hoe sommige ideeën logischer zijn als ze bij elkaar worden gegroepeerd.

Ik zou bijvoorbeeld enkele van deze hoofdonderwerpen kunnen schrijven en vervolgens alle ideeën dienovereenkomstig groeperen.

1. Webgebaseerde diensten.
2. Fysieke producten.
3. Zaken doen met medewerkers.
4. Andere.

Door uw natuurlijke bron van ideeën te vinden, leert u meer over uzelf over welke ideeën u van nature het beste kunt leveren.

Als consultant heb ik geleerd dat hoe je je kleedt van invloed is op hoe je wordt geaccepteerd door de mensen met wie je werkt. Ik heb dit op de harde manier geleerd toen ik in een van de kantoren van mijn klant werkte, gekleed in een pak. Ik werkte met mensen uit veel verschillende segmenten van de organisatie, hoog en laag in de hiërarchie.

Voor degenen aan de hogere kant van de hiërarchie was het gewoon normaal en er werd verwacht dat ze zo gekleed waren. Maar in mijn rol moest ik op veel verschillende gebieden werk verzetten, dus toen ik de teams in de hiërarchie benaderde, reageerden ze niet zoals ik nodig had. Toen ik uitlegde wat er in hun eigen taal nodig was, vonden ze het heel vreemd dat ik met het probleem zo diep kon gaan en hen daadwerkelijk kon helpen de problemen op te lossen.

Toen ik me lichtjes aankleedde en het pak uitdeed, werd ik in het algemeen op een betere manier gerespecteerd over de hele organisatie en kon ik meer werk gedaan krijgen in minder tijd als ik er in paste, op een betere manier.

Toen ik echter presentaties moest geven voor de stuurgroep van de CIO of iets dergelijks, heb ik me die dag weer een beetje verkleed. Dus wat ik probeer te illustreren, is dat het belangrijk is om de omgeving te lezen, omdat kleine dingen zoals kleding en uiterlijk een enorm verschil kunnen maken tussen mislukking en succes.

Leven buiten het kantoor

Q. Wat kan ik doen met mijn vrije tijd en hoe kan ik me
   gelukkiger voelen?

Mijn gedachten hierover:

Elke dag als ik thuiskwam, werd ik graag verwelkomd door onze hond Monaco.

Zelfs als ik uitgeput zou raken, wist ik dat ik dat gewoon moest loslaten en me een tijdje op hem moest concentreren terwijl we na het werk onze wandeling maakten.

Tijdens die wandeling zou ik ook een deel van de stress en frustratie van het dagelijkse werk loslaten toen hij vroeg om mijn interactie en om deel te nemen aan de wandeling. Het was echt een geweldige tijd en bracht me zowel positieve gevoelens als mentale en fysieke ontspanning.

Liefde voor je werk is een heel belangrijk onderdeel. Niet alleen omdat het leven leuker is als 8 uur van je tijd elke weekdag wordt besteed aan iets dat je echt leuk vindt en het gevoel hebt dat je er iets uit haalt, maar ook omdat als je van je werk houdt, je daar niet zo veel om geeft 8 uur. Je zult niet het gevoel hebben dat werk werk is, maar in plaats daarvan zul je het zien als iets dat je zowel een uitdaging als voldoening geeft.

Maar een hobby is even belangrijk. Je zou iets moeten vinden dat je geest ontspant. Het loslaten van de gefocuste gedachten over uw zakelijke ondernemingen kan u een ander soort gelukkig gevoel geven.

[LIJM:]

Ik experimenteerde een paar jaar geleden met een vriend van mij, Marcus Werme, toen ik me realiseerde dat ik een hobby wilde vinden of liever een manier om van sporten te genieten.

We leken allebei dezelfde drang te hebben en we waren er allebei mee bezig om ons aan een schema te houden om dingen buiten onze comfortzone te doen terwijl we elkaar duwden.

We zijn begonnen met het schrijven van een lange lijst met sporten die we wilden uitproberen.

1. Capoeira.
2. Japanse jiu-jitsu.
3. Karate.
4. Thais boxen.
5. Kickboksen.
6. Hip hop Dans.
7. Cross fit.
8. Schieten met geweren.
9. Schieten met pijlen.
10. Zwembad.
11. Dart.
12. Kruisboog.

... en zo gaat de lijst maar door. We hadden een veel langere lijst met activiteiten en waren zo voorbereid dat we wisten waar we deze konden uitproberen en ervoor zorgden dat we een testsessie konden houden en op welke dagen we konden deelnemen. In feite stuurde ik ze een e-mail en degenen die de benodigde informatie hadden beantwoord, werden op de lijst gezet. Elke week gooiden we de dobbelstenen twee keer en gingen we doen waar het nummer ons op wees.

Vervolgens hebben we geanalyseerd welke activiteiten het beste bij ons passen door te kijken naar zaken als.

- De tijd die nodig is in totaal van deur tot deur.
- Vereiste uitrusting.
- Gelukscore.
- Prijs.
- Beschikbaarheid.
- Welk type resultaat krijgen we?
- Hoeveel tijd is er nodig totdat we goed worden in een activiteit.

*'Laat je los
gedachten. '*

Gewoonten kunnen een tweesnijdend zwaard zijn.

Gewoontes kunnen goed zijn. Ik heb bijvoorbeeld de gewoonte om 's morgens vroeg wakker te worden, wat me helpt mijn schema te wissen door op tijd te plannen. Gewoonten helpen me om te werken aan de automatische pilootmodus wanneer ik een eerder gedefinieerd patroon moet volgen en de uitkomst een verwachte is. Dit is het moment waarop ik niet veel geef om buiten de kaders te denken of creatief of slim te zijn.

Maar net als in de sportschool, als ik mijn training doe, doe ik de hele tijd verschillende routines. En ik concentreer me niet op één ding (spier), maar op de dingen die dat ene omringen (betrokkenheid van meerdere spieren), wat me een algehele betere training geeft die mijn hele lichaam uitdaagt en niet alleen de grotere spieren.

Als ik bijvoorbeeld wil trainen met focus op mijn triceps, doe ik dat door dips te doen en tilt Kettlebell terug over mijn hoofd, staande op een Bosu-balansplaat. Ik doe kin met de stang achter mijn nek enzovoort. Zoals je kunt zien, is het doel om de training in evenwicht te brengen voor de kleinere spieren en de gewrichten die de triceps of de delen eromheen vormen.

Als ik gewoon een triceps-training met halters zou doen, zou ik helemaal niet hetzelfde resultaat behalen. Dit komt omdat wanneer ik elke keer verschillende trainingen doe, mijn spieren nooit een gewoonte krijgen. Door op een iets andere manier druk uit te oefenen, zult u in kortere tijd veel betere resultaten zien.

De hersenen werken op dezelfde manier. Ga dus niet elke dag naar hetzelfde lunchrestaurant. Zeg niet dat je niet kunt wanneer je kunt, alleen omdat het makkelijker is om te zeggen dat je het niet kunt. Duw jezelf.

Er zijn tijden voor gewoontes en er zijn tijden om uit de buurt te blijven van gewoontes. Wanneer je gewoontes leert, zul je snel merken dat je er niets van kunt leren, je zit op de automatische piloot en zou je echt willen leven op de automatische piloot als je erop uit kunt gaan en het leven kunt verkennen?

Nog een voorbeeld van mijn trainingen. Het is een strikte wet om maandag, woensdag en vrijdag te trainen. Niets kan dat veranderen. Behalve de dingen die het kunnen veranderen ... Ik zou mijn trainingsschema nooit door iets vervangen, of het nu leuk is of werk. Ik zou een manier bedenken om beide voor elkaar te krijgen. Maar van tijd tot tijd zijn er dingen die je gewoon niet kunt plannen en als dat gebeurt, moet je jezelf er niet voor in de maling nemen. Neem het gewoon met een snufje zout en neem de juiste beslissing, verspil geen energie aan frustraties.

Weet zoals altijd wat je wel en niet moet doen.

Sommige dingen moeten, moeten of zullen de beste resultaten opleveren uit gewoonten of strikte routines. Je moet gewoon leren wanneer je er gebruik van moet maken en wanneer niet.

*'Je leert het niet
van gewoontes. '*

Identificeer alternatieven om hetzelfde doel te bereiken

Dit lijkt enigszins op buiten de kaders denken. U weet dat wanneer u op reis bent, er bijna altijd alternatieve wegen zijn om uw doel op de kaart te bereiken.

Er kan een snelweg zijn en dan is er vaak de "oude weg" die de hoofdweg was voordat de snelweg werd aangelegd, en dan zou er een onverharde weg kunnen zijn of gewoon een pad dat je naar je doel op de kaart leidt door het nemen van alle kleinere wegen. Hoogstwaarschijnlijk is de snelweg zo recht mogelijk aangelegd en biedt hij een hogere snelheid, maar tegelijkertijd krijgt u veel minder te zien en krijgt u minder indrukken.

Maar dat is het kleinere plaatje. U kunt in plaats van alleen met de auto te gaan, wat uw natuurlijke transportmiddel zou kunnen zijn, met de trein of het vliegtuig reizen. Om het je nu in een nog grotere afbeelding voor te stellen, zou je met hete luchtballonnen in lijnen kunnen gaan of zelfs kunnen lopen of zwemmen. In plaats van in een rechte lijn te gaan om dat punt op de kaart te bereiken, zou je die lijn in de tegenovergestelde richting kunnen trekken, en aangezien de aarde rond is, zal de reis veel langer zijn, maar je zou nog steeds het doel bereiken.

Of als u sneller ter zake moet zijn, kunt u contact opnemen om een privévliegtuig of helikopter te huren of zelfs te kopen. Dit kan door contact op te nemen met uw bank of om uw idee aan investeerders te presenteren.

Bereken zelf of het op de lange termijn nuttig kan zijn om een grotere hoeveelheid geld te investeren om het punt sneller te bereiken of om uw idee sneller op de rails te krijgen. In veel gevallen zul je zien dat het mogelijk is dat juist dat je een steile bocht geeft die niet vermeden moet worden.

Je kunt rondrennen, maar je kunt ook gewoon het veld oversteken, dat is de kortste weg of je kunt er zelfs voor kiezen om helemaal de andere kant op te gaan.

Onsterfelijkheid:-

Al op jonge leeftijd bouwde ik de overtuiging op dat ik onsterfelijk was. Ja, het klinkt misschien stom, maar laat me je het korte verhaal vertellen.

Mijn grootvader, een goed opgeleide man was een professor, een chirurg, een dokter, een brandweerman, een lid van een geheime vereniging waar hij het nooit over heeft, een elite-turner, een programmeur en een astroloog. De lijst gaat maar door, en hij is een man die een grote impact op mij heeft gehad en in mijn ogen een persoon met veel kennis die van waarde is. En toen hij iets zei, luisterden mensen.

Hij zei dat je de auto altijd met de krachtigste motor moet kopen, zodat je weg kunt rijden van eventuele gevaren. Hij was gewend zijn auto vaak te laten crashen. Iets waarover nooit werd gesproken en er stond gewoon een nieuwe auto op de oprit.
Hij brak twee keer zijn nek, één keer bij een auto-ongeluk en één keer als turner aan de bar.

Hij vertelde me vaak dat hij het moeilijk had op school, maar toch, in mijn achterhoofd, wist ik dat hij zoveel had doorgemaakt en zoveel had geleerd. Hij was linkshandig, maar toen mocht je niet linkshandig zijn, dus werd hij gedwongen rechtshandig te worden, ook al schreeuwde zijn hele lichaam en vertelde hem hoe verkeerd het was.

Ik besefte wel dat hij en ik anders waren omdat ik niet kon lezen en dingen onthouden zoals hij. Maar ik wist nog steeds dat als ik me op het doel zou concentreren zonder me zorgen te maken over de gevaren en uitdagingen onderweg, ik het zou bereiken.

Dat betekent niet dat je je niet bewust moet zijn van de gevaren, maar dat je in plaats daarvan je onderbewustzijn moet trainen om het deel dat je bang zou kunnen maken of dat je uit koers zou kunnen brengen, uit balans te brengen of je focus te verliezen.

*'Door onsterfelijk te zijn,
durf je meer risico's te
nemen en daardoor meer
te bereiken in het leven.'*

Het is met het actieve deel van je hersenen dat je zelf controleert dat je de gewenste resultaten bereikt met de verwachte uitkomst.

Oefenen betekent niet alles. Op school heb ik geleerd dat je moet oefenen met leren. Maar ze leerden niet wat ze met oefenen bedoelden, of misschien begrepen ze zelf niet wat voor soort oefening een persoon echt deed evolueren.

Door reeds bekende kennis te herhalen, gaat u gewoon een reeds ontdekte route af. Maar door stukjes en beetjes te leren van wat er in de buurt te doen is, leer je hoe, waarom, wanneer, waar, wie, enzovoort. U kunt beginnen met het ontdekken van uw eigen routes.

Voorbeeld: Melk is lekker en wit. Dat is een feit en dat leer je al op jonge leeftijd. Je leert dan de standaard dingen zoals waar de melk vandaan komt en hoe koeien eruit zien. Mogelijk hebt u ook geleerd over pasteurisatie en hoe koeien worden gemolken. Maar graaf een beetje dieper. Er is eigenlijk één vrouwelijke melkkoe, maar er zijn veel verschillende soorten melk in het winkelschap en zelfs als je je aan de ene standaardmelk houdt, zal hij in de zomer anders smaken dan in de winter enzovoort. Waarom is dat? Stel jezelf nooit vragen, door dit te doen zul je altijd evolueren en leren wat er in de schaduw zit, wat je zal helpen om betere beslissingen te nemen.

Ps: Melk smaakt in de zomer anders dan in de winter omdat de koeien groen vers gras gaan eten en buiten in de zon blijven in plaats van binnenshuis droog, dood hooi te eten.

Alles verzamelen

Q. Waarom heb ik als kind alles verzameld en hoe heeft die
   gewoonte de toekomst voor mij gevormd?

Mijn gedachten hierover:

Het begon toen ik een kind was op de kleuterschool. Ik heb alles verzameld. Ik was een klassieke 'sakletare' zoals het in het Zweeds wordt genoemd, wat betekent dat iemand zoekt naar dingen die hij kan vinden.

Ik verzamelde altijd dingen die me interesseerden, zoals stokken, stenen, metalen koorden en andere soortgelijke materialen die ik voor het ambacht kon gebruiken. Een stok, een touw, een rubberen band en een metalen koord kunnen worden gebruikt om iets geweldigs te maken, zoals een katapult.

Toen ik eenmaal volwassen was, begon ik andere dingen te verzamelen, zoals luciferdoosjes, munten, voetbalkaarten, enzovoort.

Ik gebruik dit idee om elke dag dingen te verzamelen, zelfs vandaag als ik kennis verzamel die ik combineer om nog beter te bouwen. Het is niet wie we zijn, maar eerder hoe we de kennis en ervaring die we met ons meedragen op verschillende manieren gebruiken en hergebruiken, die laten zien wat we kunnen worden.

Tijd en waarde

Q: Hoe beheer ik mijn tijd tussen de chaos van het dagelijks leven?

Mijn gedachten hierover:

Mijn interesse in het optimaliseren van het gebruik van tijd begon toen ik een tiener was, en in plaats van van de bus naar mijn huis te lopen, rende ik om de tijd die ik besteed aan het doen van niets productiefs te minimaliseren. Lagen op lagen hebben nu het 'ik' geproduceerd waar ik al mijn dode tijd gebruik, de tijd die normaal zou zijn.

wordt nergens voor gebruikt of waar u één ding doet, maar u kunt wel twee dingen tegelijk doen.

Zo begon het allemaal toen ik me realiseerde dat ik mijn tijd aan het hacken was.

Ik heb ook een ander belangrijk ding geleerd na een tijdje alles te hebben geoptimaliseerd, ik heb geleerd dat 100% leren of gebruik maken van alle tijd die beschikbaar is voor leren en ontwikkelen niet het perfecte recept is voor persoonlijke groei. Je moet het vermengen met fictie en feiten. Ik realiseerde me dat mijn leven ineens allemaal om een soort werk ging, elke gedachte in mijn hoofd was ofwel gerelateerd aan werk of hoe ik het werk dat ik deed kon verbeteren. Ik begon geen interesse in het leven meer te voelen en kreeg een soort korte depressie omdat ik de waarde van niets meer zag.

Hierdoor realiseerde ik me dat ik dit moest heroverwegen en moest bedenken hoe ik de focus op efficiëntie kon houden en toch contact kon houden met het "echte leven" terwijl ik wat tijd vrij kon houden voor vrijetijdsactiviteiten.

Ik begon te proberen te ontspannen door me bezig te houden met willekeurige activiteiten. Het kan zijn het kijken naar de golven op de yeti bij ons landhuis of het kijken naar een heel slechte maar leuke sci-fi.

'Ik heb de tijd gehackt.'

[LIJM:] Weet wat je tijd waard is

- *Wat is een dag voor jou waard?*
  - ➤ *In geld.*
  - ➤ *Qua kennis.*
  - ➤ *Qua tijd.*
  - ➤ *Voor jezelf.*
- *Hoeveel dagen zijn je eigen persoonlijke dagen?*
  - ➤ *Tel en zie hoeveel het er per jaar zijn.*

  - ➤ *Geef een opsomming aan de hand van uw leeftijd en uw verwachte levenslange pensioen en onderwijs- en vooropleidingjaren.*
  - ➤ *Hoeveel dagen heb je gekregen?*
- *Ga nu terug naar stap één en doe het opnieuw met dit resultaat in gedachten. Wat wil je veranderen en wat levert dat op?*

Zie je, je hebt niet zoveel tijd, dus doe het goed.

Oké, wees niet bang en begin achteruit te gaan, denkend dat je niet kunt doen wat je wilt doen. Jij kan! Blijf gewoon gefocust en ik geef je deze tips en trucs die je bij je kunt houden.

Voorbeeld: Een vast langetermijncontract voor adviseurs kan van hogere waarde zijn dan een hoogbetaald kortlopend contract. Maar niet als:-

- Je hebt een aantal kortlopende contracten achter elkaar opgesteld met een hoger uurtarief.
- Je voelt niet voor de opdracht.
- Het woon-werkverkeer is een verspilling van te veel van uw meest waardevolle bezit of uw tijd.
- Je krijgt geen persoonlijke ontwikkeling of verdere ervaring die van pas kan komen tijdens deze opdracht.

Houd uw dag bij en analyseer hoe u uw tijd gebruikt

Q. Hoe stop ik tijd te verliezen?

Mijn gedachten hierover:

Weten hoe u uw tijd optimaal kunt gebruiken, kan een zeer nuttige aanwinst zijn om uw doelen te bereiken en succes te behalen. Om dat te doen, laten we eerst enkele cijfers uitvoeren.

Statistisch gezien leeft een man in Zweden (aangezien ik uit Zweden kom) gemiddeld 80 jaar en een vrouw 84 jaar. Om te generaliseren, laten we zeggen dat een in Zweden wonende persoon een gemiddelde levensduur van 82 jaar heeft.

Laten we aannemen dat de eerste 15 en de laatste 10 jaar niet persoonlijk gecontroleerde productieve tijd voor de persoon zijn. Dus laten we van 82 jaar 25 jaar weghalen, dus we blijven over met 57 jaar.

Als Zweed hebben we wettelijk 5 weken vakantie. Tijdens vakantie denken de meeste mensen er niet aan om productief te zijn of nieuwe dingen te leren. De vakantie is voor het hele gezin. Dit komt neer op 5,4 jaar vakantie tijdens uw 57-jarige beroepsleven.

We zijn nu gedaald tot 51,6 jaar.
Tijdens elk jaar hebben we 226 werkdagen die we aftrekken, wat ons 94 dagen per jaar geeft waarmee we moeten werken als onze eigen tijd als elk jaar 365 dagen is.

Er zijn enkele feesten zoals Pasen en midzomer en ook familie-evenementen zoals verjaardagen en zo, dat neemt het hele weekend of de dagen van het weekend weg. Over het algemeen denk ik dat we per jaar wel 25 dagen meer kunnen meenemen, waardoor we 69 dagen over hebben.

Op een normale weekdag worden de meesten van ons wakker, maken we ons klaar en gaan we direct aan het werk. Behalve werk hebben velen van ons ook andere taken, zoals het ophalen van boodschappen of het afzetten / ophalen van de kinderen van / naar school. Laten we voor onze berekeningen zeggen dat we overdag 4 uur hebben wanneer we echt vrij zijn om onze tijd te besteden aan wat we willen.

Dus 69 * 4 = 276 uur is de totale hoeveelheid tijd die u per jaar kunt gebruiken, wat slechts 11,5 dagen is.

Maar we weten dat het niet echt waar is, omdat je vaak tijd moet vrijmaken voor een onvoorziene of onverwachte gebeurtenis of taak, omdat je schat dat 20% van onze tijd wordt ingenomen door dit soort evenementen, waardoor je productieve tijd overhoudt met ergens in de buurt 248 uur.

In je vrije tijd kijk je misschien graag televisie, maar voor mij is het onaanvaardbaar om elke 10 minuten tv-programma's met advertenties te kijken. Zelfs als je iets van de show leert, wordt er elk uur 15 minuten aan advertenties van je gestolen, die je misschien liever in iets beters of productiever gebruikt.

Als u slechts één uur per dag tv kijkt, elke dag van het jaar met 15 minuten aan advertenties, komt dat neer op 3,8 volledige dagen die u verspilt aan het alleen maar kijken naar advertenties per jaar.

Ik hoop dat dit je doet denken en beseffen dat mijn vlucht van de bus naar mijn huis misschien niet zo'n dom idee was als het in het eerste deel van dit boek klonk.

Nu je dit weet, moet je er iets aan doen. Ik heb, en ik kan zeggen dat ik zoveel meer tijd heb dan slechts 10 dagen per jaar die ik gebruik om de dingen te doen waar ik van hou en die ik verkies te doen.

"*Hoe besteed je je 10 dagen vrije tijd per jaar?*"

Maak je geest leeg

Q. Wat moet ik doen om mijn geest te ontlasten?

Mijn gedachten hierover:

In een inspirerende Ted-talk vertelt Daniel Tammet over hoe hij als persoon met het Savant-syndroom denkt over wiskunde. In tegenstelling tot de meesten van ons ziet hij getallen als kleuren en vormen, en wanneer getallen worden opgeteld of afgetrokken, veranderen de kleuren en vorm natuurlijk. Voor hem creëren de vormen en kleuren een gevoel dat tot uiting kan komen in de schilderkunst.

Ik heb niet leren rekenen zoals Daniel, maar voor mij zijn mindmaps vergelijkbaar met die, omdat ze me in staat stellen een natuurlijke stroom van mijn gedachten te documenteren. Dit neemt op mijn beurt veel stress van me af.

Zoals ik al eerder met je heb besproken, is zwemmen in koud water een hobby van mij die ook werkt als een grote stressverlichter. Wanneer je je actieve geest loskoppelt tijdens het zwemmen, concentreer je je alleen op het in leven blijven door je onderbewuste focus en je eerder gedefinieerde doelen waarop je bewuste geest zich concentreerde. Hierdoor kan ik mezelf losmaken van te veel gedachten en kan ik me meer concentreren op wat belangrijk is.

In het laatste hoofdstuk heb ik nog een aantal tools genoemd die ik gebruik om mezelf te organiseren en mijn geest te ontlasten. Sommige kunnen worden gebruikt om stress te verlichten, terwijl andere gericht zijn op uw geheugen en de invoer van informatie en dergelijke versnellen. Voel je vrij om ze allemaal online op te zoeken en meer te leren over hoe je er het beste gebruik van kunt maken.

Gedwongen ontspanning

Q: Wat moet ik doen als het overweldigend wordt en het moeilijk is om te kalmeren en te ontspannen?

Mijn gedachten hierover:

Het ontspannen van je geest gaat echter niet altijd over het documenteren van je ideeën. Soms heb ik te veel dingen en heb ik het gevoel dat mijn geest overstroomt, waardoor ik duizelig kan worden en niet in staat ben om te ontspannen. In die tijd kan ik niet eens mediteren en heb ik externe hulp nodig om te ontspannen.

En ik vond de perfecte tool voor mij. Een spijkerbed, wat op zoveel manieren geweldig is, maar ik zal slechts enkele dingen noemen en hoe het werkt.

De gedachte zelf kan voor sommigen van jullie eng zijn, en als je zou gaan liggen met je lichaamsgewicht op slechts één spijkerpunt, zou het je huid binnendringen en je ernstig pijn doen.

Maar als je op veel spijkers ligt die zonder enige scheiding naast elkaar zijn gemonteerd, krijg je ineens een vaste structuur zonder lucht tussen de spijkers. Je kunt je nu realiseren dat dit helemaal geen probleem is en je zou kunnen liegen, staan en springen zonder jezelf pijn te doen, zoals het is alsof je op de grond loopt in je huis.

Als je nu elke tweede nagel weghaalt, is er een kleine opening, maar het is nog steeds mogelijk om erop te staan en erop te springen zonder dat het te veel pijn doet. Het voelt misschien iets meer dan voorheen. Blijf gewoon het aantal nagels wegnemen dat voor jou geschikt is, en je zult beseffen dat het helemaal niet onmogelijk is om op een spijkermat te gaan liggen.

Nogmaals, we hebben de onmogelijke situatie om op 1 nagel te staan, maar de mogelijke oplossing om op 1000 nagels te staan.

In de nagelmat die ik gebruik, heb ik een vrij grote scheiding tussen de nagels en als ik ga liggen, moet ik me eerst op deze taak concentreren en niets anders. Ik moet mijn spieren ontspannen omdat spanning het erger maakt en mijn lichaam dwingt mijn spieren om te ontspannen en daardoor spoelt mijn geest automatisch de actieve gedachten weg die me afleidden en me gestrest maakten. Dit helpt me om me te concentreren op een enkele taak. Het is als een soort automatische overlevingsmodus die dicht in de buurt komt van wat ik heb ervaren tijdens mijn winterzwemmen in open water.

Als je niet van mindfulness-oefeningen, meditatie of yoga of een van de andere methoden houdt om mentaal te ontspannen, dan is dit iets waar je naar moet kijken.

Maar ook als u van al deze activiteiten geniet en het gevoel heeft dat u uw geest en uw lichaam goed onder controle heeft, zal de spijker van matten u uw begrip van uw lichaam doen vergroten en zult u uw lichaam gemakkelijk hacken om beter in vorm te zijn hebben ontspannen spieren en werken met zelfgenezing van binnenuit.

Verbeter je focus

Q: Als dyslecticus heb ik altijd problemen gehad met het focussen op taken op school. Wat heb ik gedaan om dat te veranderen?

Mijn gedachten hierover:

Voor mij is de focus erg verbonden met het opbouwen van of interesse hebben in een bepaald onderwerp, het probleem kan zijn dat je meerdere dingen hebt die je interesseren. Er zijn veel manieren om je concentratievermogen te verbeteren, maar ik stel voor dat je de dingen vindt die je gefocust houden op een taak, en kijk dan wat je kunt doen om dat specifieke ding te vergroten. Verfijn het en werk systematisch. Dit is iets dat ik in de loop der jaren veel heb gebruikt en het heeft me zowel tijd als geld bespaard.

Hier volgt een eenvoudig advies.

Door de zintuigen te blokkeren die niet nodig zijn voor deze specifieke taak, zal je je energie en denkkracht omzetten naar de zintuigen die nodig zijn en deze intensiveren.

Voorbeeld: Wanneer u een donkere kamer binnenkomt vanuit een met licht gevulde omgeving, wordt u meestal verblind en kunt u niet goed zien. Dus sluit in plaats daarvan je ogen en luister naar wat je kunt horen om een gevoel of zelfs een blik in je hoofd te creëren. Je hebt je geheugen en de geluiden, de geur en het gevoel van de kamer, je hoort hoe geluid stuitert en je kunt zelfs de grootte van de kamer voelen met je lichaam. Vertrouw je zintuigen.

Als je naar een audioboek luistert, sluit dan je ogen. Blokkeer je oren als je een boek leest. Luister naar klassieke instrumentale muziek of blokkeer gewoon geluid door oordopjes te gebruiken, als je echt iets wilt proeven sluit je ogen en probeer geluid te blokkeren zodat je alleen de smaak- en reukzintuigen opent.

Een andere manier om u gemakkelijk op weg te helpen is door met muziek te werken.

- Door naar binaurale beats te luisteren, kunt u uw focus verfijnen.
- Door naar muziek te luisteren die je energie geeft, kun je je energie vergroten.
- Door te luisteren naar muziek die je inspireert en / of kracht geeft, ontstaan er nieuwe paden in je geest en kunnen nieuwe oplossingen worden bedacht.

Gezondheid

Mijn lot hacken zou niet mogelijk zijn als ik niet voor mijn gezondheid zorg en mijn geestelijke gezondheid is net zo belangrijk als fysieke gezondheid en door af en toe naar een dokter te gaan, kun je wat antwoorden krijgen over de toestand van je lichaam.

Zorg ervoor dat u in orde bent door contact op te nemen met een arts die u vertrouwt of die wordt aanbevolen door iemand die u vertrouwt. Ga dan naar een tweede arts en vraag om dezelfde analyse om te controleren of er iets is dat verdere analyse vereist om een beter begrip te krijgen van uw huidige fysieke conditie. Pak dan de analyse van de eerste arts op en vraag de tweede arts om een second opinion. Zorg ervoor dat ze begrijpen dat u wilt weten wat u kunt verbeteren om beter te worden, en niet dat u hen bekritiseert.

Een jaarlijkse controle zorgt ervoor dat u zo goed mogelijk bent, volgens de tests van uw arts.

Houd er rekening mee dat artsen in veel landen normaal gesproken geen onderzoek doen naar uw vitamines en mineralen, noch naar uw geestelijke gezondheid of stressniveaus. Hiervoor zijn andere soorten tests en artsen nodig.

Ik hecht veel waarde aan slaap en weet hoe belangrijk het is voor mijn geest en mijn lichaam. Ik scheid de twee entiteiten, waarbij 'ik' mijn gedachten, kennis, ervaring en mijn lichaam zijn,

slechts een hulpmiddel dat ik controleer om ervoor te zorgen dat ik kan krijgen wat ik nodig heb en fysieke dingen mee kan doen.

Ik heb slaap uitgewerkt om te zien wat er gebeurt en hoe ik te veel of te weinig of helemaal geen slaap krijg.

Ik heb er ook aan gewerkt om mijn slaap efficiënter te maken. Het klinkt misschien gek, maar wat ik bedoel is dat ik heb gewerkt aan het verbeteren van mijn slaap.

Als ik slaap, concentreer ik me op het krijgen van de best mogelijke slaap, zodat ik geen tijd verspil in bed met slaap van lage kwaliteit.

Het makkelijkste om mee te beginnen is om je slaapkwaliteit te analyseren. Ik begon vele jaren geleden een app genaamd sleeptracker op mijn telefoon te gebruiken. Het volgt mijn slaappatroon, laat een mooie grafiek zien en geeft me geweldige statistieken.

Als ik ga slapen, voer ik het type dag in dat ik had met selectievakjes zoals:

- *Laat avondmaal.*
- *Stressvolle dag.*
- *Workday of niet.*
- *Workout of niet.*
- *Vroeg in bed,*
- *enzovoort ...*

Na een tijdje kan ik teruggaan naar de dagen die opvallen waarin mijn slaappatroon beter was dan de andere dagen, en ik kan dan zien wat ik in die dagen had gedaan om te zien welke overeenkomsten er zijn tussen die dagen die ik kan gebruiken om mijn slaap te verbeteren, zodat ik de juiste actie kan ondernemen.

Voedsel en voeding

Op een keer was ik echt gefrustreerd omdat ik elke dag rond 15.30 tot 16.30 uur zo moe werd en ik bijna in slaap zou vallen. Nadat ik er veel over had nagedacht, dacht ik dat het het gevolg was van slechte voeding. Dus begon ik me af te vragen en naar oplossingen te zoeken die deze situatie konden verbeteren. Ik heb veel tijd besteed aan het zoeken naar de juiste combinatie van voedingsinname en een goed dieet dat bij mijn lichaam past.

Ik geloof dat geen enkel dieet perfect is en dat elke persoon een ander soort vereiste heeft. Als ik zeg dat iedereen verschillende soorten vereisten heeft, heb ik het niet over allergieën of zoiets. Wat ik bedoel is dat de vitamines en mineralen die je lichaam nodig heeft niet hetzelfde zijn als iedereen. Het hangt allemaal af van wat voor soort levensstijl je hebt, wat voor werk je doet, welke oefeningen je doet, enz. Sommige vezels kunnen moeilijk zijn voor je maag om te verwerken en sommige andere kunnen effecten op je hebben die niet als allergieën worden beschouwd, maar toch geven u een negatief resultaat.

Dus ik ben hier vele jaren geleden mee begonnen en heb gekeken naar wat me beter heeft gemaakt. In het jaar dat ik hiermee begon, had ik ernstige problemen met maagzweren.

Ik begon meteen het voedsel te eten dat me geen pijn deed en stopte met het eten van dingen die me pijn deden. Dus stopte ik met het drinken van koffie, sinaasappelsap en het eten van vet voedsel zoals pizza of ander fastfood. Ik concentreerde me alleen op het eten van dingen die mijn maagpijn gemakkelijk kon verteren.

Het ene leidde tot het andere en ik denk nu elke dag na over welk voedsel ik eet en welke energie ik in mijn lichaam stop.

Ik probeer bijvoorbeeld geen suiker te consumeren, vooral in de vorm van frisdrank of snoep.

Maar ik denk wel dat het soms oké is om de "verkeerde" dingen als traktatie te eten, zolang ik het maar niet overdrijf. Sommige groenten zijn ook beter dan andere, zoals:

1. Broccoli
2.Wortels
3.Avocado
4.Gember
5.Bosbessen
6.Goji bessen

En het assortiment dat is geclassificeerd als "superfood".

Als je nog nooit van 'superfood' hebt gehoord, moet je het online opzoeken en je zult al snel de positieve effecten zien die ze op je lichaam hebben en hoe je je gezondheid en energieniveau kunt verbeteren door je selectie van eten aan te passen. Wist je bijvoorbeeld dat broccoli bijna het dubbele van de hoeveelheid vitamine C per 100 gram bevat vergeleken met wat je in een sinaasappel vindt? Om precies te zijn, gemiddelde broccoli heeft ongeveer 89 gram vitamine C, terwijl een gemiddelde sinaasappel slechts ongeveer 53 gram heeft.

Normaal drink ik alleen het volgende:

1.Groene thee.
2. Water.
3. Citroenwater.
4. Gemberdrankjes.
5. Verse vruchtendranken.

En als ik voor een frisdrank ga, geef ik de voorkeur aan een kombucha die met zijn fermentatieproces positieve effecten heeft op je lichaam.

Wees geen sukkel voor suiker. Vermijd de ups en downs die de suikerbui je geeft.

Dit is eenvoudig te doen door elk derde uur licht te eten. U hoeft niet een hele maaltijd te eten, maar bewaar fruit zoals een banaan of zo, om te voorkomen dat u dat moe gevoel krijgt dat u normaal gesproken 's middags krijgt als uw bloedsuikerspiegel daalt. Op dat moment is het gemakkelijk om te vallen voor de schreeuw van je lichaam om energie en iets te eten met suiker of cafeïne.

80/20

Als ik 80% goed eet, kan ik 20% eten, dat is niet zo goed.

Gebruik om te beginnen geen frisdrank tijdens de week, zodat je in het weekend frisdrank kunt drinken. Al snel zul je beseffen dat je in het weekend niet eens frisdrank nodig hebt en dat je je er zonder dit beter door voelt.

Als ik zin heb in een frisdrank, denk ik twee keer na of ik dit echt wil of in plaats daarvan een kopje groene thee of vers fruit kan drinken.

Denk na over je doelen en focus je erop

Q. Waar wil ik mijn leven leiden? Hier of ergens anders? Wat zijn mijn vereisten en hoe kan ik meer uit het leven halen en de tijd die ik in deze wereld heb?

Ik heb al jaren een doel om overal te kunnen werken. Door dat mogelijk te maken, kon ik een week op het strand in Thailand zijn, in een hotel in Hong Kong de tweede en op reis in Italië de derde.

Ik hou van reizen en het voedt me met nieuwe indrukken en geeft me mentale energie en ervaring.

Toen ik in Zweden woonde, was ik altijd op zoek naar meer. Dus mijn vrouw en ik hadden als doel om elke 7e week op vakantie te zijn. Het hoeft geen lange vakantie te zijn, misschien maar voor 4-10 dagen.

Maar tijdens deze vakanties doe ik altijd een soort werk. Ik bekijk mijn ideeën en probeer te zien welke hiaten ik kan opvullen in mijn mindmaps. Ik bedenk nieuwe ideeën en werk er dan aan als ik de tijd heb.

Ik krijg ook veel energie die van groot nut is als ik terug ben, en dat gebruik ik om meer te leveren en beter te presteren op het werk na de vakantie.

Omdat we nu zijn verhuisd van Zweden, Stockholm naar Spanje, Marbella, hebben we niet dezelfde wens om even weg te zijn op deze vakanties, omdat we een leven leiden waarin we zoveel meer uit elke dag halen dat we niet krijgen de drang om veel meer te reizen.

Leer je innerlijke stroom beheersen

Ik realiseerde me dat ik een rivier had die door me heen stroomde. Als ik aan de zijkant zou staan, zou ik het water voorbij zien stromen, maar als er iets langs zou drijven, zou ik het gewoon moeten zien passeren en het misschien niet kunnen opvangen. Dus in plaats daarvan spring ik in de rivier en drijf soms gewoon met de stroom mee, en sta soms stil om alles op te vangen dat drijft en besluit van tijd tot tijd naar boven te lopen en aan de zijkant te gaan zitten, om gewoon te ontspannen. Ik heb geleerd dat, zoals bij elke rivier, zwemmen tegen de stroom veel meer energie kost dan zwemmen met de stroom en ik probeer me te concentreren op het vinden van het juiste moment om erin te springen of mogelijk iets voorbij te laten gaan als ik voel dat ik te langzaam ben om te beseffen wat er voorbij zweeft.

Het vinden van je innerlijke stroom en het leren beheersen ervan zal een cruciaal voordeel voor je worden in je dagelijkse leven. Een paar manieren om aan de slag te gaan zijn:

1. Yoga.
2. Meditatie.
3. Ademhalingstechnieken.
4. Ideeën opschrijven (op het moment dat ze gebeuren, of misschien helemaal niet).

Terwijl je onderbewustzijn ideeën presenteert aan je bewuste

geest, is het idee nog niet vastgelegd in je herinneringen, het is
niet gerelateerd aan iets anders dan alleen een gedachte zonder
dat er verbindingen rondzweven. Daarom komen en gaan die
gedachten en omdat ze geen weerspiegeling zijn van je bewuste
geest, is het moeilijk en vaak onmogelijk om dezelfde gedachte
opnieuw te vinden als je die niet direct opschrijft. Maak er een
gewoonte van waar we het over hebben in de mindmap van het
idee. Vind uw manier om het op te nemen en u zult verbaasd
staan over wat uw eigen geest u na een tijdje vertelt terwijl u de
patronen van uw gedachten en ideeën ziet.

Zesde sectie:
Denk na, focus, doe

Hoe snel is een gedachte?

Denksnelheid is eigenlijk de snelheid van minuscule elektrische impulsen in onze zenuwen, die worden gevormd door de veranderingen in de concentraties van ionen binnen en buiten zenuwcellen, wat ongeveer gelijk is aan 100 meter / sec (360 km per uur). De lichtsnelheid is 299.792.458 meter / sec (1.080.000.000 per uur). Je kunt zien dat dat licht ongeveer 3 miljoen keer sneller is dan de snelheid van elektrische impulsen.

Maar zoals je weet, als er een auto-ongeluk of een andere grote gebeurtenis plaatsvindt, voelt het alsof de tijd vertraagt, omdat er zoveel gefocuste gedachten en beelden voorbij komen. Dingen die van daar en dan komen en misschien ook afbeeldingen uit je geheugenbank. Het is bijna alsof je begint te denken met de snelheid van het licht. Als je erover nadenkt, reis je misschien op, laten we zeggen 100 km / u en misschien is het botsingspunt 3 meter verderop, maar de afstand die je gedachten moeten afleggen is waarschijnlijk minder dan een centimeter, en dat ook, op een snelheid van 360 km / u. Dus ja, uw geest heeft voldoende tijd om de informatie te verwerken en kan u veel dingen presenteren, in die schijnbaar lange tijd die uw auto nodig heeft om die 3 meter af te leggen, maar om je te concentreren op de huidige situatie worden alle andere gedachten terzijde geschoven zodat je je maar op één ding concentreert en daarom voelt het alsof de tijd vertraagt. Omdat je geest 100% gefocust is op één taak, stel je voor wat je zou kunnen doen als je die manier van werken zou kunnen beheersen.

Realiseert u zich dat dit betekent dat we de tijd kunnen 'vertragen'? met mentale focus?

Weet waarom je de dingen doet die je doet en haal er het meeste uit.

Ik probeer altijd ten minste twee dingen tegelijk te doen om het gebruik van mijn tijd maximaal te benutten, wat, ik weet, in tegenspraak is met wat ik je net vertelde over focus en het vertragen van downtime met het gebruik van hersenfocuskracht, maar de meeste van de tijd dat ik niet 100% focus hoef te hebben op die taken, taken die je al vaker hebt gedaan of waar je in een ontspannen staat bent.

Voorbeeld: Ik breng mijn auto naar mijn werk. Ik doe dit om verschillende redenen:

1. Ik kan mijn fiets niet meenemen, ook al wil ik dat, omdat ik op het moment van schrijven van dit hoofdstuk een probleem met mijn voet heb.
2. Parkeren buiten ons huis is duurder dan ik voor de tol en diesel betalen. En parkeren is gratis buiten mijn kantoor en onze auto is een investering en geen uitgave.
3. Ik leer van de audioboeken en TED-lezingen waar ik elke dag naar luister tijdens dit woon-werkverkeer.
4. Tijdens het pendelen in de ochtend laat ik onze dochter op school vallen, waar ik het moeilijk mee zou hebben als ik de auto niet zou nemen. Ik wil echt deel uitmaken van haar leven, zelfs binnen deze kleine voor de hand liggende dingen, zoals haar achterlaten in de kleutertuin, zodat we vader-dochter tijd krijgen die belangrijk voor mij en haar is, dat weet ik zeker.

Een ander voorbeeld is waarom ik fiets.

1. Het is een geweldige training.
2. Ik krijg een adrenalinestoot, want ik neem het altijd op tegen mijn eigen beste rondetijd.
3. Het transport is tegen zeer lage kosten. (De banden of andere onderdelen hebben mogelijk onderhoud nodig.)

Een ander voorbeeld dat velen van jullie misschien herkenbaar vinden:

Het is een mentaliteit om steeds efficiënter te zijn met de tijd die je hebt. Als ik bijvoorbeeld in ons huis rondloop, houd ik altijd een oogje in het zeil voor dingen die in de buurt moeten zijn waar ik naartoe ga. Als ik bijvoorbeeld naar de keuken ga, kijk ik rond naar keukengerei dat iemand misschien vergeten is op te bergen, of als ik naar de kamer van onze dochter ga, kijk ik rond om te zien of er speelgoed rondslingert. Kortom, op zoek naar dingen die ik mee kan nemen, die in de andere kamer zouden moeten zijn waar ik heen ga of langs loop.

Maar vanuit een ander perspectief verwerk ik deze methode ook in mijn werk, omdat ik weet dat het werk dat ik doe verbonden is met andere mensen en enigszins afhankelijk is van leveringen van hen. Dat betekent dat ik van tijd tot tijd niet met dezelfde snelheid kan rennen totdat ik klaar ben, omdat ik moet wachten tot andere teams of teamleden hun rol in de keten leveren.

Voor dit boek ben ik bijvoorbeeld lang geleden begonnen met schrijven en af en toe had ik het gevoel dat ik geen tijd of inspiratie had om te schrijven, dus stopte ik een tijdje. In plaats daarvan begon ik aan een aantal andere taken, zoals de boekomslag of het lezen van de verschillende alternatieven om het gepubliceerd te krijgen. Ik sprak met een aantal mensen en huurde een aantal freelancers in om onderzoek voor mij te doen of om te werken aan het ontwerp van de hoes enzovoort. Daarna konden ze een tijdje alleen werken en kon ik met nieuwe energie en inspiratie terug naar het boek.

Dus wat ik probeer te zeggen is dat ik niet geloof in 100% mindfulness, omdat dat ertoe zou leiden dat ik af en toe vast zou zitten te wachten op de bezorging van anderen.

*"We kunnen de tijd
'vertragen' met mentale
focus!"*

De hersenen

Om zo'n klein deel van ons lichaam te zijn, verrassend voor de meesten van ons, gebruiken de hersenen een enorme hoeveelheid energie. Ongeveer 20% van ons totale energieverbruik gebeurt in de hersenen.

Om meer te leren over hoe uw geest functioneert en regelmatig met informatie omgaat, kan ik een boek met de naam "Your Brain at Work" voorstellen.

Verschillende delen van uw brein verwerken verschillende soorten informatie. Wanneer je alle nieuwe informatie verwerkt, zoals wanneer je in een nieuw land rijdt, verwerkt het deel van je brein dat de 'prefronale cortex' wordt genoemd, de informatie en hier vindt veel energieverbruik plaats.

Als je echter van huis naar je werk rijdt, wat je misschien al een paar honderd keer hebt gedaan, is er geen nieuwe belangrijke informatie om op te nemen, en daarom wordt het deel van je brein dat in het spel komt 'basale ganglia' genoemd . In tegenstelling tot de prefrontale cortex hebben de basale ganglia heel weinig energie nodig en dus zou je het waarschijnlijk 4-5 uur kunnen doen zonder moe te worden. Je hebt misschien gemerkt dat je bij dergelijke schijven meestal gewoon rijdt en om de beurt rijdt zonder er zelfs maar goed over na te denken, terwijl de herhaalde stappen in je hersenen worden geslagen, bijna alsof je op de automatische piloot zit.

Dit komt omdat uw brein niet echt alle informatie opslaat die door uw ogen is vastgelegd, omdat het zich vergelijkt met eerder bekende informatie en leert dat het al dat type geheugen heeft opgeslagen in uw geheugenbank, duplicatie van gegevens is iets dat is een uitdagend probleem voor ons om op te lossen met onze computers, terwijl onze geest een model lijkt te hebben gevonden dat de gegevens rationaliseert en opslaat op basis van de waarde en de updatestatus, na eerst te hebben vergeleken met de versie die het eerder heeft opgeslagen.

De brandstof in uw prefrontale cortex, glucose en zuurstof wordt veel sneller verbruikt dan de meeste mensen weten. Probeer het gewoon door een heel andere manier van werken te nemen, een manier waarop je nog nooit naar je werk bent gereden, en je zult zien dat je je veel anders zult voelen als je aankomt en dat je energie gedurende de dag zal worden beïnvloed.

Maar het is niet alleen dat je energie gebruikt als nieuwe inspiratie, een nieuwe indruk en nieuwe ervaringen, op de een of andere manier ook je energieniveau verhoogt, net als een frisse adem halen.

Onderbewust denken is iets waar ik in dit boek keer op keer over praat en dit is een ander geweldig voorbeeld.

Onlangs, toen ik moe was en naar bed ging, viel ik in slaap, maar mijn onderbewustzijn herinnerde zich plotseling dat ik mijn auto had geparkeerd in een straat die die avond moest worden schoongemaakt, en als ik mijn auto niet naar binnen bracht 5 minuten, ik krijg een boete. Mijn onderbewustzijn had me uit de slaap gewekt om me mijn fout te laten corrigeren.
Ik let normaal gesproken goed op de straatreinigingsschema's omdat de boetes vrij duur zijn, dus toen dat gebeurde, was ik een beetje gefrustreerd over mezelf en probeerde ik de reden achter deze fout van mij te analyseren.

Ik herinnerde me dat ik eerder die dag een van onze buren had ontmoet en we bespraken de algemene parkeervoorwaarden op straat. Hij vertelde me dat ze de voorwaarden voor parkeren niet hebben gewijzigd, dus het was prima om mijn auto daar te parkeren. Dus toen ik later die dag terugkwam, had ik die gedachte in gedachten toen ik mijn auto parkeerde, maar ik was de schoonmaakavond vergeten. Zie je, normaal gesproken zou het er niet toe hebben gedaan, maar op een schoonmaakavond zijn we niet bedoeld om onze auto's daar te parkeren.
Waar ik aan begin, is dat het voor mij heel duidelijk was dat mijn geest alle informatie die ik van de dag had tijdens mijn slaap opnieuw verwerkte, zoals het controleren op fouten dieper in mijn hoofd. Nadat een fout was gevonden, werd deze pas 5 minuten voordat de reiniging zou beginnen als kritiek gemarkeerd. Als ik niet wakker was geworden en mijn fout had rechtgezet, had ik een kaartje gekregen.

Zoals u nu weet over de snelheid van denken, weten we dat we een beperkte mogelijkheid hebben om informatie in termen van snelheid te verwerken. Maar ik ben er zeker van dat je een moment hebt gehad waarop het lijkt alsof je anticipeert op wat er gaat gebeuren en dat het snel voor je ogen gebeurt, en het is alsof de tijd vertraagt. Voor iedereen die de film Matrix heeft gezien, is het als kogeltijd, waarbij je de kogel van het pistool echt ziet en hem kunt ontwijken. Dat soort slow-motion is waarschijnlijk niet iets dat je hebt meegemaakt, maar als je ziet dat het wijnglas overloopt of als je de auto voor je ziet iets doen dat je kan treffen in de vorm van een ongeluk, je herinnert je misschien dat je extra opmerkzaam was op je omgeving.

Dus ik dacht hier vandaag over na.

Ik ben zeker geen expert op dit gebied, maar ik denk graag na over problemen of situaties zoals deze. Over hoe dit gebeurt, waarom, wat is de logica erachter, enz.

Laten we het voorbeeld gebruiken van wat u zou kunnen ervaren bij een auto-ongeluk.

Je ziet een auto in je rijstrook rijden, maar er zit iets ongewoons in zijn beweging.

Nu zien je ogen wat er gebeurt en beginnen je hersenen dit te analyseren, maar in plaats van alleen te accepteren wat er aan de hand is, is het alsof je hersenen de tijd stilzetten, maar eigenlijk is dat niet wat er gebeurt.

Ik geloof dat de hersenen de informatie die eraan wordt gegeven, opnieuw verwerken en nu met onze volledige capaciteit werken. In plaats van slechts één deel te gebruiken, gebruikt het bewustzijn al onze zintuigen en is ons hele brein actief, niet alleen het kleine deel dat normaal actief is.

De verschillende delen van de hersenen verwerken de informatie naar eigen inzicht en verwijzen vervolgens naar alle andere delen. Deze lagen worden vervolgens gecombineerd om u de mogelijkheden te geven van wat er zou kunnen gebeuren en suggesties over wat u eraan kunt doen.

Nu gaan sommige mensen beter met deze situatie om dan anderen. Sommigen zitten daar gewoon en zien het evenement plaatsvinden, maar anderen doen het evenement wel en proberen er het beste uit te halen.

Dit zijn de mensen die actief hebben gewerkt onder stressvolle omstandigheden en in situaties die snelle beslissingen met een grote impact vereisen.

Ik ben van mening dat als je meer wilt en actief wilt werken aan het bereiken van meer, je het kunt, in tegenstelling tot als je denkt dat je het niet kunt, zul je dat waarschijnlijk niet doen.

Ik werk bijvoorbeeld met de snelheid in mijn handen. Ik wil een glas kunnen pakken dat van de tafel valt voordat het op de grond valt.

Begrijp jezelf en reflecteer op je verleden

Probeer jezelf niet te veel uit te rekken om aan onrealistische verwachtingen te voldoen, want het zal heel moeilijk worden om je doelen van succes te bereiken. Als je het wel bereikt, is het misschien niet de moeite waard geweest in vergelijking met de moeite en het offer dat je hebt moeten steken om er te komen.

Door na te denken over wat je hebt gedaan, wat je dacht, waar je op voorbereid was of waar je graag over nadenkt, leer je veel meer dan verwacht. Doe dit als een gewoonte en je zult zien hoe je onderbewustzijn je helpt om dingen mogelijk te maken en resultaten te leveren.

Dit hele boek reflecteert mij op wat ik met mijn waarden heb gedaan en wat ik wil doen.

Identificeer uw defecten en zet ze om in effecten. Sommige van mij zijn:

1. Dyslexie

In het begin was dit een handicap, omdat ik niet op school kon volgen zoals andere medestudenten. De school behandelde het ook als een handicap, maar toen ik eenmaal meer over mezelf en dit vermogen begon te leren, leerde ik dat ik gewoon niet op dezelfde manier werkte, vooral als het ging om het oplossen van problemen. Ik realiseerde me de vele voordelen die dit mij heeft opgeleverd en vandaag ben ik er trots op dat ik dyslectisch ben.

2. Ik hou er echt niet van om dingen twee keer te zeggen

Dit geldt alleen voor mijn professionele leven. Als ik aan het werk ben, kan ik een taak aan iemand overhandigen en daarna verwijder ik die taak van mijn mentale checklist. Daarom raak ik
de taak pas aan als de persoon contact met mij opneemt met het resultaat.

Dit kan voor sommigen als een handicap worden beschouwd, omdat ik er geen follow-up aan geef, maar voor mij is het een manier om mijn aandacht te richten op andere gebieden waar het beter wordt benut. Ik vertel mensen dit wel van tevoren zodat ze weten wat ik hiervan vind en eventuele problemen hierdoor kunnen voorkomen.

Maar ik gebruik dit ook in de tegenovergestelde richting, wat betekent dat ik de last van de schouders van de mensen met wie ik werk probeer te ontlasten wanneer ik voel dat ik een beter persoon ben om bepaalde taken uit te voeren.

Dit is ook een manier gebleken die sommige mensen kan helpen nog beter te presteren, omdat ze het gevoel hebben dat ik ze vertrouw en dus dat vertrouwen willen waarmaken.

3. Haat het als de dingen laat zijn

Dit hangt samen met het bovenstaande en ik onderhoud regelmatig contact met het team om ervoor te zorgen dat we geen tijd of focus verliezen. Als we tijd verliezen, probeer ik te kijken wat we kunnen doen om die tijd buiten de lijntjes in te halen.

In de meeste situaties waarin tijd verloren gaat, komt dit door een soort afleiding die niet was gepland. Deze afleiding is aan mij als leider om voor te zorgen, zodat mijn team zo efficiënt mogelijk kan werken.

4. Frustratie

Frustratie is als negatieve energie die de goede energie opeet, je van het spoor brengt en je inspiratie doet verliezen. Kortom, negatieve energie moet zoveel mogelijk worden vermeden.
Ik ben geen expert, maar ik kan je laten zien wat ik ermee heb gedaan.

Ik vind al jaren het goede in elke slechte situatie. Dat kan echt frustrerend zijn voor de mensen om je heen die niet zo denken.

Hier zijn voorbeelden van twee kleine dingen die me helpen.

Dat nummer horen op de radio, in de winkel, op een feestje of waar je maar wilt. Je vindt dat een leuk nummer en zou dat graag willen hebben. Ja, dat veroorzaakt een mentale frustratie in je geest, hoewel misschien niet zo groot als wanneer je je in een grotere zin gefrustreerd voelt, maar samen met andere kleine negatieve gedachten kan uiteindelijk je hele dag crashen, en het resultaat zal negatief zijn.

Ik gebruik de app SoundHound die naar het nummer luistert en me bijna altijd vertelt welk nummer het is. Ik markeer het vervolgens met een ster in de app en later, als ik tijd heb, voeg ik het toe aan een geschikte afspeellijst op Spotify.
Ik gebruik een mindmap waarbij ik een foto heb die ik met mijn telefoon heb gemaakt in alle lunchrestaurants die ik leuk vind. Door de foto te hebben, kunt u gemakkelijker beslissen wanneer u uit een lijst leest. Ik heb de restaurants gegroepeerd op basis van de locatiecriteria. Door dit te doen heb ik een deel van de frustratie weggenomen om niet te weten waar ik 5 dagen van de week moet lunchen.

Ja, ik heb hetzelfde gedaan met dinerrestaurants, maar heb ze gescheiden in een andere mindmap.

Veel mensen raken erg gefrustreerd als ze in hun auto rijden. We kunnen dat waarschijnlijk allemaal begrijpen, omdat er veel verschillende soorten chauffeurs in het verkeer zijn. Je weet het, maar velen van ons gedragen zich niet zoals we zouden moeten, omdat we gefrustreerd raken en beginnen te schreeuwen in de auto, wetende dat de andere bestuurder je toch niet kan horen. Dus waarom zou je het doen? Stop het gewoon, want het zorgt er alleen maar voor dat je opgewonden raakt, je pols verhoogt en een negatieve invloed op je heeft. Denk er goed over na en je zult beseffen dat het het gewoon niet waard is. Je kunt net zo goed die energie-kick opslaan voor iets beters, zoals wanneer je een paar minuten later thuiskomt bij je kinderen. Wil je boos zijn of wil je met positieve energie thuiskomen?

Groot of klein, telkens als ik een eenvoudige taak heb die ik later moet doen, schrijf ik het op een op GPS gebaseerde takenlijst die ik gebruik, genaamd 'App 2do'. Ik kan de kleine dingen opnemen, zoals een herinnering om melk te kopen of grotere dingen, zoals mijn paklijst voor als ik op reis ben. Ik kan zelfs boeken opnemen die ik in de toekomst wil lezen of films die ik wil bekijken. Telkens wanneer ik uit ben en iets zie wat ik graag zou willen hebben, neem ik een.

Door deze simpele dingen te doen, laat ik de frustratie op veel gebieden los en kan ik me met andere dingen bezighouden.

Kortom, ik ontwerp hoe ik wil werken door te zorgen voor de vele afleidingen die we gedurende onze dagen hebben.

Inspiratie

Inspiratie is als voedsel en energie voor je hersenen. Als je geïnspireerd bent, voel je de energie, vind je nieuwe ideeën en oplossingen voor problemen waar je eerder mee worstelde.

Identificeer wat je inspireert en ga daar naar toe als je je down voelt.

Ik word geïnspireerd en bekrachtigd door andere mensen die hun kennis en ervaring delen wanneer ik luister naar audioboeken en presentaties op sites zoals Ted.com

Wie inspireert jou?

Zoek mensen die u inspireren en identificeer waarom ze u inspireren.

Ik ben door veel mensen geïnspireerd en het enige dat ze allemaal gemeen hebben, is dat ze dingen hebben gedaan die hun zijn geleerd en verteld, dat is onmogelijk.

Sommige mensen die ik inspirerend vind, zijn:

- Martin Luther King
  De beroemde toespraak 'Ik heb een droom' en hoe de wereld daarna is geëvolueerd.
- Ingvar Kamprad

  Om de eerste IKEA te starten, ging hij naar de gemeentelijke diensten in het gebied waar hij woonde en vroeg hij om een gratis stuk grond, en in ruil daarvoor zou hij de bewoners in het gebied werkkansen geven en wat wegnemen van de werkloosheid in het gebied.

- Daniel Tammet

  Vanuit zijn oogpunt zijn getallen een taal gebaseerd op kleur en grootte, die zweven en met elkaar in wisselwerking staan en met elkaar verweven zijn als een nieuwe manier om de wereld waar te nemen en te begrijpen.

Ik heb ook geleerd dat veel succesvolle mensen dyslexie hebben, en ik heb een aantal van hen en hun manier van denken bekeken, en ik kan overeenkomsten zien in de wil om mensen ongelijk te bewijzen en dat we veel meer verbazingwekkende dingen kunnen doen dan de meeste mensen "Denk" (ik zet dat tussen aanhalingstekens omdat ik niet denk dat mensen denken dat ze deze dingen niet kunnen, maar ze leren zo te denken).

Sommige ervan zijn:

- Richard Branson
- Ingvar Kamprad
- Henry Ford
- Walt Disney
- Thomas Edison

- Alexander Graham Bell
- De lijst gaat verder...
- Je ziet dat het niet één type persoon hoeft te zijn met dezelfde doelen, maar mensen wiens levensstijl of denkwijze tegen je spreekt.

Falen is niet falen ...

- Falen betekent niet noodzakelijk dat je het helemaal bij het verkeerde eind had.
- Ik heb veel geleerd van mijn mislukkingen. Ik heb geleerd dat kennis nooit nodig is, maar veel van de kennis is niet essentieel.
- Wat ik bedoel is dat we onze hersenen moeten voeden met kennis, hoog en laag, over alles. Deze kennis of deze ervaringen die in feite kennis is, gebruiken we dan steeds weer opnieuw.
- Je hoeft niet alles in je actieve brein op te slaan. Zet ze op een hoek in je hersenen, maar begrijp ook hoe je ze kunt gebruiken wanneer het tijd is, want misschien kom je met een paar buitengewone ideeën op de proppen dankzij die obscure stukjes informatie.
- Een van de moeilijkste dingen voor mij is om te leren loslaten.
- Veel gedachten gaan door onze geest wanneer we denken over loslaten, maar één is duidelijk. 'Betekent dit dat het nu gewoon tijdverspilling is?'
- Absoluut niet. De hele tijd dat je er alles in stopt wat je hebt gedaan, is een enorme hoeveelheid ervaring en kennis die je nu zult gebruiken en hergebruiken op de meest onwaarschijnlijke plaatsen, waardoor wat je eerder dacht onmogelijk was, mogelijk. Durf dus te falen, want zo leerden we als kinderen lopen, door te falen maar niet op te geven. Leer van die babystappen en verbeter stap voor stap.
- Steek je hoofd uit en werk je reet uit aan een idee waarin je gelooft. Maar om zoveel voor een idee te kunnen werken, moet je eerst een idee ontdekken waar je een passie voor hebt.
- Alleen dan heb je een heel ander soort werkenergie. Je zult weten waar ik het over heb als je dat idee eenmaal hebt gevonden en er met je ziel in gaat geloven.

- Ik heb tien keer meer geleerd bij het werken met verschillende zakelijke ideeën dan wanneer ik gewoon mijn dagelijkse dagelijkse werk deed.
- Wees niet bang om te falen. Nu je weet hoeveel je daadwerkelijk haalt uit falen om te falen, zul je falen verwelkomen, omdat je begrijpt dat het slechts een leercurve is om succes te behalen.
- Als je niet bang bent om te falen, zul je slagen met grotere dingen. Als u zich zorgen maakt over het falen en u teveel richt op het noodplan of het vangnet rond uw bedrijfsplan, is de kans groot dat u zult falen, omdat u niet genoeg tijd heeft besteed aan het werk dat nodig is om te slagen.

- ## De Visser

Dit verhaal werd mij verteld door Joakim, over wie ik u eerder in het boek vertelde, en het verhaal heeft een zeer blijvende indruk op mij gemaakt.

'Toen ik Griekenland bezocht, liep ik rond in de haven waar de schepen' s nachts aanmeren. Er was toen echter maar één boot en ik merkte dat de visser daar met zijn boot lag, ontspannen.

Dus vroeg hem: 'Waarom vist u niet zoals alle andere vissers?'

En hij antwoordde: 'Omdat ik al de vis heb gevangen die ik voor de dag nodig heb.'

Ik was verbijsterd door het antwoord en antwoordde hem: 'Maar je hebt nog een lange dag voor de boeg. Als u meer blijft vissen, kunt u mogelijk meer geld verdienen. Je kunt het je zelfs veroorloven om een grotere boot of een tweede boot te kopen en je verdiensten te verdubbelen. '

Daarop antwoordde hij: 'En waar heb ik dat geld voor nodig?'

Ik antwoordde meteen: 'Zodat je kon ontspannen en genieten van de zon', en op dat moment realiseerde ik me mijn domheid. '

Mijn reflectie uit dit verhaal is om je doel, jezelf en wat je wilt in het leven te kennen. Wat u wilt, hoeft niet te zijn wat anderen om u heen voor u willen.

Je persoonlijkheid

We hebben de neiging om te geloven dat we onszelf redelijk goed kennen, maar af en toe is het goed om wat oefeningen te doen om de essentie in ons te achterhalen en te vinden waar we ons op willen concentreren.

Hier volgt een lijst om u op weg te helpen. Markeer degenen die volgens jou je beschrijven.

Ik ben goed in / zijn:

1. Mensen persoon.
2. Systematisch person.
3. Communicatie vaardigheden.
4. Leider.
5. Sociaal persoon.
6. Probleemoplosser.
7. Andere mensen stimuleren.
8. De sterke punten van anderen vinden.
9. De zwakheden van mensen begrijpen.
10. Netwerken.
11. Feedback geven.
12. Team speler.
13. Obstakels zien voor anderen.
14. .Een goede vader zijn.
15. Een goede echtgenoot zijn.
16. Onderwijs.
17. Dingen onthouden.
18. Mensen aanmoedigen.
19. Aan het leren.
20. Luisteren.
21. Leren van mijn fouten.
22. Ik verbeter mezelf gestaag.
23. Mijn gevoelens onder woorden brengen.
24. Goede dingen naar buiten brengen bij anderen.

25. Meer doen dan nodig is.
26. Verbale expressie.
27. Geschreven taal.
28. Een nieuwe taal leren.
29. Vergevingsgezind.
30. Glimlachend.
31. Positief denken.
32. Ouderschap.
33. Vriend zijn.
34. Punctueel.
35. Doen wat ik zeg dat ik zal doen.
36. Makkelijk om met nieuwe mensen te praten.
37. Goed advies geven aan mensen.
38. Weet wat ik echt wil.
39. Goed in prioriteiten stellen.
40. Eerlijk.

Voeg meer toe aan de lijst, want je hebt zeker meer te geven met je geweldige persoonlijkheid dan deze shortlist. Na het te hebben gelezen, moet je geest zich afstemmen op het soort denken dat nodig is om je positieve vaardigheden te identificeren.

Vat de gemarkeerde punten samen door ze met de hand op een lijst te schrijven, en nu zie je je sterke punten en de dingen waar je trots op moet zijn.

Het belang van het met de hand opschrijven ligt in de handbewegingen die een motorisch geheugen achterlaten in het sensomotorische deel van de hersenen, wat ons helpt letters te herkennen. Dit impliceert dat er een verband is tussen lezen en schrijven, en het sensorimotorische systeem speelt een rol in het proces van visuele herkenning wanneer we lezen,

Als ik nieuwe mensen ontmoet, bedenk ik automatisch hoe ik ze kan helpen door een bepaalde ervaring of kennis te delen. Dit interesseert me al jaren, maar ik realiseer me dat dit niet altijd een goede gewoonte is. Vaak zullen mensen niet zoveel beantwoorden als ik zou willen, in termen van het delen van hun ervaringen en kennis met mij.

Maar dit is iets waar ik aan werk om te veranderen, dus om te kunnen leren en evolueren, bedacht ik dit nieuwere, verfijnde model. In de toekomst, als ik mensen ontmoet die

geïnteresseerd zijn in mijn ervaring en om begeleiding of hulp te krijgen, zal ik hen frontaal vragen wat volgens hen hun sterke punten en visies zijn, en hoe ik van hen kan leren.

Verlanglijstje

Toen ik me realiseerde dat het leven niet alleen om werk draait, begon ik na te denken over wat ik met mijn leven wilde, en een van de gemakkelijkste dingen om mee te beginnen is om een bucketlist te schrijven. Het is meestal veel gemakkelijker dan het schrijven van een levensplan, omdat de bucketlist kan bestaan uit realistische en ietwat gekkere maar haalbare doelen.

Door een bucketlist te schrijven kom je meer te weten over jezelf en wat je graag zou willen doen in het leven.

Dit is een geweldige basis om naar terug te kijken, en eenmaal opgeschreven zul je verbaasd zijn hoeveel van de dingen je uiteindelijk gedaan krijgt. Als je dingen in een lijst opschrijft, komt de lijst in je onderbewustzijn en worden dingen op een andere manier gedaan. Sterker nog, als je die lijst ergens plaatst waar je hem elke dag ziet. Je kunt hem bijvoorbeeld aan de binnenkant van je garderobe plaatsen of zelfs inlijsten en naast je kapstok of je spiegel zetten? Maak dus niet zomaar een lijst in gedachten, neem pen en papier en schrijf het op.

[LIJM:]

Jezelf trakteren op de kleine successen is erg belangrijk. Neem een gewoonte van je die je leuk vindt, maar misschien wilt minimaliseren, en doe het dan alleen als traktatie als je tevreden bent met goede werkresultaten. Je zou bijvoorbeeld Coca-Cola graag regelmatig consumeren, maar dat is ongezond en dat weet je. Dus, alleen als je buitengewoon saai en vervelend werk hebt gedaan, ga dan naar buiten en beloon jezelf met een fles.

Dit houdt uw gezondheid beter onder controle zonder uw verlangens volledig te verpesten en motiveert u ook om de ondergeschikte taken te doen die u anders helemaal niet zou hebben gemotiveerd. Je zult je ook veel beter voelen over jezelf, wetende dat je twee vliegen in één klap slaat en dit zal positieve energie in je creëren die je op de been houdt.
Je hebt zojuist je beloningssysteem gehackt.

Zevende sectie:
Mijn ervaringen
De bedrijven die ik ben begonnen

Tijd uitbreidingskit

Mijn zwemervaringen Waarom je Destiny

hacken De reis van dit boek Een vaardigheid

beheersen

Eerste vs. laatste indruk

Tools die ik gebruik
Citaten

De bedrijven die ik ben begonnen.

Laat me je vertellen over de eerste twee bedrijven die ik ben begonnen en de verhalen erachter. Het doel is om u te motiveren en u te laten zien dat het, ook al kost het veel moeite, niet ongedaan kan worden gemaakt.

Pixico

Pixico was het eerste bedrijf dat ik begon.

Aangezien ik toen pas 16 was, was het starten van een bedrijf als minderjarige niet eenvoudig. Allereerst was het bijna ongehoord om op die leeftijd in 1996 een bedrijf te starten, en ik herinner me dat er in heel Zweden nog maar één man van mijn leeftijd was die zijn bedrijf probeerde te registreren. Het begon met vrienden van de familie die me om hulp met hun computers vroegen en me daarvoor terugbetaalden. Maar in plaats van me alleen geld te geven, vonden ze het beter als ze via een factuur van mijn bedrijf (die ik toen nog niet had) aan hun bedrijf konden betalen. Dus begon ik het proces van het registreren van een bedrijf bij PRV (de Zweedse octrooien en registratieautoriteiten).

In Zweden moest je op dat moment 18 jaar oud zijn om je in te schrijven voor een bedrijf. Er was dus veel moeite om het papierwerk af te krijgen, maar met de hulp van mijn moeder hebben we het voor elkaar gekregen. Ze schreef een aantal brieven aan de PRV en bleef mijn voogd tot ik 18 werd.

Ik werkte destijds bij elk type computergerelateerde opdracht als consultant voor particuliere en kleinere bedrijven tot ik afstudeerde van school.

Ik kreeg toen een fulltime consultantopdracht bij Tele2. Daarna kreeg ik nog een aanbieding van een nieuw gestart outsourcingbedrijf genaamd X-source. Ik hoorde dat ze van plan waren al hun consultants los te laten.

Ik accepteerde hun aanbod om werknemer te worden, direct na de bijeenkomst werd ik benaderd door een van de oudere consultants die mij vroeg of ik het aanbod accepteerde. Hij vertelde me toen dat dit de normale manier van zaken doen is en dat alle bedrijven dit van tijd tot tijd doen om de kosten te minimaliseren en in plaats daarvan een aantal consulenten als voltijdse werknemers te krijgen. Ik had het gevoel dat ik voor de gek werd gehouden, maar voelde me er niet zo slecht over, omdat ik genoten heb van het bedrijf en wat we als team hebben bereikt.

Ik kwam Joachim opzoeken als een soort ervaren begeleiding, omdat hij tevreden was met zijn positie in het leven en ik denk dat dat één ding is om naar te streven.

De naam Pixico komt eigenlijk van een spel dat onze leraar ons introduceerde toen we in de 4e-6e klas zaten. Pixico was de naam van ons verzonnen land en wij, de studenten, waren de burgers. Elke dag kregen we op school een salaris in de vorm van 'Pix', waarmee we materialen zoals pennen, puntenslijpers, papier enz. Konden kopen.
Het was een geweldige game die ons veel heeft geleerd over het echte leven. We hadden een koning en een regering en dat alles en realiseerden ons hoe we van sommige onderdelen van het systeem konden profiteren, zoals wat pennen of geld stal en wat verkochte pennen die ze van huis kregen en die geen deel uitmaakten van de "economie". Op een keer kochten ik en een vriend de hele klasse 'winkel' waar de spullen zoals pennen en papier werden verkocht en verhoogden toen de prijs torenhoog toen we de enige winkel werden en het monopolie hadden.

Dit was een geweldige praktijk die volgens mij op alle scholen moet worden gedaan om kinderen te laten begrijpen waarom hun ouders werken en waarom het land werkt zoals het werkt. In plaats van het duidelijk uit te leggen, begrepen we het in het echte leven, en in plaats van alleen te accepteren wat we leerden, trokken we het ook fundamenteel in twijfel.

Omdat dit de eerste connectie was die ik had met het "volwassen leven", paste dit perfect bij mijn nieuwe bedrijf en daarom werd de naam Pixico geregistreerd bij PRV.

PID

PID Personal Interior Design was het tweede bedrijf dat ik oprichtte, en dit keer samen met mijn beste vriend Martin Wolf, maar na de start kwamen we niet veel verder.

Interieurontwerp was een nieuw domein voor mij en ik had helemaal geen ervaring, maar toch probeerde ik het veld in te gaan omdat ik het interessant vond en wilde ik iets leren over dingen waar ik niet veel vanaf wist.

Nadat ik het idee lange tijd had verlaten, startte ik later PID opnieuw op met mijn vrouw, omdat we allebei erg geïnteresseerd waren in design.

Het was een worsteling toen we dit in 2003 deden en het e-commerce-veld werd grotendeels beïnvloed door de IT-boom en het ontwerpbedrijf werd op de ouderwetse manier zeer goed aangepakt door mensen die voor grotere delen van hun bedrijf in de business waren geweest leven.

Dus toen we ze benaderden, was er vanaf het begin geen positieve feedback. Vervolgens gingen we met hen zitten en legden uit hoe ons bedrijfsmodel werkte en hoe zij er baat bij zouden hebben om een van onze leveranciers te zijn.

Het kostte enorm veel tijd en een geweldig ding dat ik deed, was dat ik, in plaats van rechtdoor te gaan op degene die ik als leveranciers wilde, een lijst schreef met verschillende leveranciers die interessant waren en vervolgens achteruit begon met degenen die van weinig of geen belang voor ons.

Van elke bijeenkomst heb ik veel geleerd en veel ervaring en vertrouwen gekregen.

Dus toen we degene benaderden waar we naar uitkeken om mee samen te werken, hadden we allebei een lijst met leveranciers waarmee we al begonnen te werken. We waren dus geen kleine start-up en ik had de 'toonhoogte' zo verfijnd dat hij zo goed mogelijk was. Ik had antwoorden op elke vraag die ze konden bedenken, aangezien ik ze tegen die tijd al zo vaak had gehoord.

In eerste instantie gebruikten we een goedkope e-commercetoepassing die statische HTML-pagina's maakte die naar de webserver werden geüpload.

Ik realiseerde me al snel dat het eerste e-commerceplatform niet werkte zoals verwacht, dus begon ik te schrijven op een mindmap met de eisen van het PID 2.0 e-commerceplatform.

Het resulteerde in een lijst van ongeveer 200 pagina's met specifieke vereisten en details over elk element op de site.

Vervolgens hebben we het project opgesplitst zodat de 'motor' zo snel mogelijk kon worden ontwikkeld en in gebruik genomen. Dit is gedaan door Stefan Westling, een geweldige Zweedse ontwikkelaar.

Het kostte ons veel geld, maar het was het zeker waard.

Toen we de motor draaiden, zijn we begonnen met het uitbesteden van werk aan India om de rest te doen van wat was gespecificeerd in de PID 2.0-mindmap.

Het project werd aan een Indiaas ontwikkelingsbedrijf gegeven en om te beginnen ging het werk goed, en we hadden een groot aantal ontwikkelaars die aan het project werkten.

Ik realiseerde me al snel dat ze het project niet goed bij elkaar hielden en dat hun werknemers regelmatig binnen het bedrijf veranderden. Na enig onderzoek kwam ik erachter dat ze werkervaring in maanden en niet in jaren telden zoals wij, en dat werknemers die zonder veel opzegging naar andere kansen vertrokken, veel voorkwam.

Dit werd een probleem omdat we de nieuwe ontwikkelaars keer op keer moesten leren over onze setup.

Dus heb ik de ontwikkelaars benaderd die het beste resultaat in het project hebben opgeleverd en hen het project terzijde aangeboden.

Ik gebruikte ze max-time, wat zoveel mogelijk uren betekende, wat normaal ongeveer 6-8 uur per dag was, 6-7 dagen per week.

Ze stopten niet met hun dagelijkse baan, maar werkten na hun normale kantooruren met mij samen.

Een geweldig ding om te weten over outsourcing naar India is dat ze luisteren naar de eisen van de klanten en hun vereisten heel goed begrijpen.

Een paar dingen waar u aan moet denken als u uitbesteedt aan goedkope landen en de voordelen ervan:

1. Lees over het land en begrijp de structuur ervan.
2. Lees over hun cultuur en probeer de moeilijkheden en problemen te begrijpen die in het verschiet liggen.
3. Zoek op LinkedIn om te zien of u een praatje kunt maken met iemand die ervaring heeft met het uitbesteden van iets vergelijkbaars met het land waaraan u wilt uitbesteden.

De prijs kan 1/10 zijn of zelfs minder van het werk dat in uw land wordt gedaan.

Doen wat je wordt verteld is goed, maar dit doen zonder enige twijfel, blijkt op de lange termijn contraproductief te zijn, dus ik moest een manier vinden om daarmee om te gaan.

Ik zou maar een deel uitleggen van wat ik wilde, en daarna moesten ze de hiaten opvullen en mij uitleggen wat ik eigenlijk wilde. Het zette hen vervolgens aan het denken en met hun programmeerervaring.

Om ze op de hoogte te brengen met deze methode duurde het ongeveer 6 maanden, maar het was het zeker waard, want we werkten toen perfect samen als een team.

We hebben wereldwijd voor producten gezorgd en na een tijdje begonnen ontwerpers contact met ons op te nemen om hun producten op de PID-website te plaatsen.

We hebben veel met de perscontacten gewerkt en het heeft echt zijn vruchten afgeworpen, in plaats van te betalen voor advertenties hadden we elke maand producten in bijna elk interieurmagazine in Zweden en veel tijdschriften wereldwijd waar we op de cover werden vermeld met productafbeeldingen als de eerste pagina omslag.

We hebben op alle fronten hard gewerkt om bekend te raken en het werkte goed, maar we hebben heel hard gewerkt om dat punt te bereiken.

De uitbreiding was altijd onze belangrijkste focus.

We hebben de hele site laten vertalen naar 12 talen en producten wereldwijd verzonden.

Google was zeker geen gemakkelijke taak, maar na een zware strijd en vele lange nachten kregen we voor veel van onze zoekwoorden het eerste zoekresultaat.

SEO is een lastige zaak. Je moet het vanaf het begin doen om te verwachten dat het werkt.

Als je het verkeerd doet, word je verbannen of op de zwarte lijst gezet. Denk eraan dat uw hele bedrijf afhankelijk is van klanten die op zoek zijn naar de producten die u heeft.
Op een gegeven moment besloten we een fysieke winkel te openen. Dit was een riskante taak, maar nogmaals, we hebben er veel van geleerd.

Maar aangezien ons klantenbestand overwegend internationaal was, zou een fysieke winkel alleen klanten in de buurt aantrekken.

Na ongeveer een jaar hebben we besloten om die fysieke winkel te sluiten en ons te concentreren op de webwinkel.

We hebben meer tijd gestoken dan er geld uit PID kwam, omdat de markt nog niet klaar was om online interieurdesign te kopen in het brede spectrum dat we nodig hadden.

We hadden wel 2000 bezoekers per dag, maar hadden geen grote bestellingen. Klanten kochten alleen kleinere dingen voor normaal minder dan 3000 Zweedse kronen.

Een ding dat ik deed toen ik begon met het bouwen van PID, was dat ik naar iedereen keek, onze concurrenten (er waren er toen maar twee) en vele andere e-commercesites wereldwijd om te zien wat ze wel en niet deden.

Ik had veel moeite om een site te ontwerpen die werkte zoals de klanten het natuurlijk zouden verwachten en niet zoals elke andere e-commercesite. Het duurde lang omdat ik de natuurlijke weg wilde vinden, niet de standaardmanier. Alles moest intuïtief en verborgen zijn, zodat de gebruiker ervoor moest zorgen, welke functie het ook was.

Leer dus van de goede en slechte dingen van uw concurrenten. Probeer te observeren wat ze wel of niet doen en begrijp dan de reden daarachter. Misschien wilt u zelfs contact met hen opnemen en hen rechtstreeks vragen.

Zorg ervoor dat je je eigen ding bouwt.

Ik kom hier vaak op terug. Als je iemand kopieert, moet je zeker weten waarom je het doet en wat de belangrijkste doelen zijn, want door te kopiëren kom je niet verder dan zij, en leer je zeker minder dan zij.

Maar om iemand te kopiëren alleen omdat het zo gemakkelijk en dom is om het niet te doen, omdat er binnen dezelfde markt misschien ruimte is voor concurrentie, dan is dat niet gegarandeerd een dom idee. Je doet.

hoeft niet altijd uniek of autoriteit te zijn en dat is belangrijk om op de hoogte te zijn.

Maar terwijl je probeert uniek te zijn, moet je ook onthouden dat er anderen zijn die zouden proberen te kopiëren van je werk.
We hadden hetzelfde probleem omdat veel websites onze productbeschrijvingen rechtstreeks van onze site heb1b5e7n gekopieerd en Google neemt inhoudelijke duplicatie niet licht op.

We moesten er dus voor zorgen dat onze hele site door Google werd geïndexeerd, zodat we niet zouden worden gestraft voor andere mensen die ons kopiëren.

Naamgeving en logo

De naam is minstens zo belangrijk als het logo.

Ik heb de volgende stappen genomen bij het kiezen van de naam voor mijn bedrijf:

1. Schrijf een lijst met inspirerende woorden die kunnen spreken als een beschrijving van wat het bedrijf doet of wil communiceren.
2. Kijk dan naar de lijst en laat je onderbewustzijn met namen komen. Soms hoeven ze niet eens letterlijk te bedoelen dat iets goed en passend klinkt.
3. Denk er niet te veel over na, brainstorm gewoon; Schrijf op wat er in je opkomt en ga na een dag of twee terug naar de lijst en lees het door. Verwijder de punten waar u niet naar op zoek bent en groepeer enkele van de punten die u het beste vindt als een top 10-lijst.
4. Controleer het domein. Veel van de namen zijn waarschijnlijk al in het .com-domein opgenomen, dus verwijder ze gewoon of zoek een geschikte variant die beschikbaar is. Kijk of de variant nog steeds sterk staat in vergelijking met de rest van de lijst.
5. Doe nu een zwembad. Bekijk wat mensen om je heen over de naam denken zonder eerst te zeggen wat het bedrijf gaat doen. Gebruik een van de grote aantallen beschikbare poll-sites en publiceer uw poll op Facebook of LinkedIn om de stemmen en opmerkingen van mensen te zien.

Nu naar het logo. Voor het logo heb ik eigenlijk precies hetzelfde gedaan.

Ik brainstormde over inspiratie en gebruikte ook de naamlijst opnieuw.

Ik heb ook rondgekeken om andere logo's te zien, ik controleerde mijn concurrenten en bekeek hun logo's of ze veel werden gebruikt in het gebied waarin het bedrijf zou leveren.

Toen ik een beschrijving en voorbeelden van logo's had die ik leuk vond, publiceerde ik het allemaal op 99designs.com om een aantal experts te laten doen waar ze het beste in zijn, een aantal verschillende logo's voor mij te ontwerpen en vervolgens de beste te kiezen na wat te hebben gedaan kleinere aanpassingen.

Tijduitbreidingskit

Q. Hoe kan ik de tijd die ik heb voor productief werk
   maximaliseren en mijn bedrijven beter beheren?

Om een antwoord op deze vraag te vinden, bedacht ik een strategie die ik met u zal delen.
Niet elk idee dat in je opkomt, motiveert je om eindeloos te werken om het te bereiken, maar af en toe zal er zo'n idee zijn dat je als een baby zou behandelen en voor zou zorgen. En als je niet goed presteert om het te bereiken, voel je je echt verdrietig en gefrustreerd.

Het grootste deel van mijn werkzame leven werkte ik op twee banen, waardoor ik heel weinig tijd had om me te concentreren op mijn persoonlijke doelen. Ik realiseerde me dat ik de tijd die ik kon moest verlengen.

in mijn bedrijf en mijn klanten gestopt, dus heb ik mijn tijduitbreidingskit gemaakt.

Het is eigenlijk een combinatie van methoden die ik heb bedacht om mijn lichaam te misleiden om niet in rust te gaan.

Ik deed dit door thuis te beginnen tijdens het ontbijt. Ik realiseerde me dat ik mijn ontbijttijd iets later kon veranderen.

Ik wachtte toen met mijn lunch tot 14.00 uur en gebruikte de tussentijd om wat werk te doen. Toen ik thuiskwam, stopte ik niet maar bleef direct werken zonder te vertragen en daardoor liet ik mijn lichaam nooit in de relaxmodus komen.

Dit is natuurlijk iets dat ik niet iedereen kan aanbevelen om te doen, omdat het je lichaam onder zware druk zet.

Ik at mijn avondeten rond 22:00 of 23:00 uur en ging 's nachts om 01:00 uur naar bed.

Dit had twee basisprincipes:

1.   Eet niet zoals je normaal doet. Het idee hierachter is om je lichaam niet te laten weten welk stadium van de dag het is. Zo verwar je jezelf uit tijden dat je van nature zou willen rusten.

   1.Gooi tv's en andere dergelijke afleidingen weg. Dit zal de algemeen beschikbare tijd die u heeft om aan uw doelen te werken, vergroten.

Vertraag niet. Normaal gesproken vertraagt iedereen als ze thuiskomen van hun werk en dit heeft gevolgen voor de hele levering. Ik had geen strikte mijlpalen voor het bedrijf PID en ik wilde het altijd alleen maar succesvoller maken. Dit veroorzaakte echter op de lange termijn grote problemen.

Wat ik had moeten doen, was dat ik verschillende projectdoelen had, die ik vervolgens combineerde in verschillende mijlpalen.

Voorbeeld:
- Verkoop per dag moet minimaal X bestellingen zijn
- De verkoop zou elke maand met X% moeten stijgen
- We zouden x-producten in het jaar X moeten hebben
- We zouden x geregistreerde gebruikers moeten hebben in het jaar X

Het was dan gemakkelijker geweest om te vinden wat er met de site en het bedrijfsmodel moest gebeuren om die doelen te bereiken.

Maar in werkelijkheid had ik een businessplan nodig waarin de mijlpalen waren geïntegreerd. Ik zou moeten gaan zitten en een plan maken dat tijd en hard werk zou vergen. Maar uiteindelijk zou het de moeite waard zijn omdat het werkt als de dunne rode lijn die je moet volgen om het doel te bereiken.

Ik heb geleerd vast te houden aan wat ik het beste kan. Dat betekent natuurlijk niet dat u geen nieuwe vaardigheden kunt leren, of dat u zich niet op andere gebieden moet wagen. Maar omdat we beperkte tijd en middelen hebben, moeten we, om persoonlijke doelen binnen vastgestelde termijnen te bereiken, begrijpen hoe we nieuwe vaardigheden kunnen verwerven en kunnen doen wat we al hebben. Uiteindelijk moet je je concentreren op de belangrijkste dingen en als je te ver afdwaalt, kan het een moeilijke weg worden om je doelen te bereiken.

Probeer te begrijpen wat u van het bedrijf verwacht en hoeveel u bereid bent te werken om dat doel te bereiken.

U hebt nu enkele basisregels opgesteld voor hoe en wat u met het bedrijf moet doen, wat voor u van groot nut zal zijn naarmate het evolueert.

Ik wilde niet zomaar een adviesbureau beginnen. Ik wilde het goed doen, de antwoorden hebben aan mijn toekomstige werknemers voordat ze werden aangenomen. Dus heb ik veel tijd besteed aan het opbouwen van de basisstructuur van het bedrijf in plaats van alleen een kaarthuis te bouwen. Ik heb veel bedrijven gezien die net als lege kaartenhuizen zijn; van buiten zien ze er goed uit, maar als werknemer ben je snel.

besef dat dit slechts de verkopende modewoorden zijn die in het begin goed klonken.

Maar daarvoor stel ik voor dat je een oefening doet waarbij je een lijst met opsommingstekens (of een mindmap) maakt van alle dingen die je nodig hebt, en vervolgens inschat hoeveel tijd elk onderdeel in beslag kan nemen en eventuele problemen die je zou kunnen tegenkomen.

Ik bouwde een geweldige basis en frame voor het bedrijf, maar realiseerde me dat het voor mij complexiteit was om mensen te vinden die beantwoordden aan mijn hoge doelen van ervaring, professionaliteit en persoonlijkheid. Simpel gezegd was ik op zoek naar mensen zoals ik om in te huren. Maar het probleem was dat mensen zoals ik niet op zoek waren naar werk, ze hadden al een eigen bedrijf.

Mijn zwemervaringen

We hebben dit onderwerp zo vaak bezocht en opnieuw bezocht tijdens de reis van dit boek, maar we zullen het nog een laatste keer doen. Ik wil dat je de risico's echt begrijpt en dat het, hoewel het eenvoudig genoeg klinkt, een zeer overweldigende ervaring kan zijn.

Zwemmen. Ja, niets bijzonders, maar laat me je vertellen dat dit waarschijnlijk het op één na beste is dat ik heb gedaan om mezelf te onderwijzen. En u kunt hier het lange of het korte verhaal lezen. Als je het lange verhaal wilt horen, blijf gewoon lezen. Als u zich wilt concentreren op de dingen die u waarde geven voor de tijd die u besteedt, kunt u het volgende hoofdstuk en het onderwerp 'Het resultaat' overslaan.

Het begon allemaal op een zonnige zomerdag. Twee van mijn collega's en ik liepen na de lunch en in plaats van terug te lopen, besloten we terug te zwemmen. Er was een steiger vol met mensen en we hadden maar één plastic zak die we gebruikten om al onze spullen in te pakken om te voorkomen dat ze doorweekt raakten. Dag begon te zwemmen en na ongeveer 20 meter beseften Rolle en ik dat Dag aan het zinken was, alsof iets hem langzaam naar beneden trok.

We konden niet stoppen met lachen. Als je nu begint te lachen terwijl je zwemt, heb je misschien moeite met het vasthouden van de juiste slagen of probeer je jezelf in bedwang te houden.

Rolle was het dichtst bij Dag, dus pakte hij de tas op die net het oppervlak raakte en Dag was niet zichtbaar omdat hij onder het oppervlak was en probeerde de tas van het oppervlak weg te houden.

Rolle zwom 10 meter en toen gebeurde hetzelfde met hem. Vervolgens pakte ik de tas en zwom 10 meter, en hetzelfde overkwam mij ook. Dus ongeveer 40 meter van de steiger, realiseerden we ons dat we zouden verdrinken als we zouden proberen te zwemmen tot 500 meter om te voorkomen dat de zak doorweekt.

Dus besloten we om terug te keren naar de steiger en alle mensen daar waren gewoon verbijsterd over wat we net deden en begrepen niet waarom we zonken en wat er net gebeurde. Het moet er vanuit hun oogpunt zo gek uitzien.

Nu ben ik niet echt een opgever, dus ik heb wat nagedacht over wat ik verkeerd heb gedaan en wat ik beter kan doen om het doel te bereiken, en de volgende dag de 500 meter zwemmen met deze plastic zak vol kleren. We gingen terug met nieuwe kennis over hoe reddingszwemmers zwemmen terwijl ze een andere persoon in het water ondersteunen.

We sprongen in het water en begonnen te zwemmen op onze rug en met het gewicht op onze borst, en we waren succesvol. We hebben de hele 500 meter probleemloos afgelegd.

We werden toen koppig en concentreerden ons op zwemmen zoals we eerst deden, maar veranderden van drager na slechts een paar meter, en we bereikten uiteindelijk het
oorspronkelijke doel en zwommen de hele 500 meter met de tas boven water met alleen borstzwemmen.

Omdat dit ook een geweldige training en plezier was, nodigde ik Dag en Rolle hiervoor uit in hun kalender en stelde de laatste repetitieve datum in op 1 november.

Het was 1 november 2010 en de laatste dag van onze zwemlunches.

We beseften dat we niet zo'n groot probleem hadden met het koude water, dus in plaats van tevreden te zijn met het bereiken van een tweede doel, gingen we door en stelden we het derde doel op.

Rolle had ons verlaten toen het water kouder werd, maar Dag en ik deden het nog steeds goed. Om veiligheidsredenen hadden we onze route enigszins gewijzigd. We controleerden de watertemperatuur en het was nu 8 graden Celsius en het zwemmen van de nu 600 meter duurde ongeveer 20 minuten inclusief een pitstop.

We hebben 300 meter gezwommen en zijn toen op een steiger gestapt om 30 geëvolueerde push-ups te doen om de bloedcirculatie in ons lichaam te vergroten. Daarna sprongen we zonder enige rust in het water en zwommen de 300 meter terug.

Omdat we alleen onze zwembroek aan hadden, kregen we het nogal koud. Het steekt normaal gesproken als je ongeveer de eerste 50 meter zwemt, maar langzaam begint het lichaam zich aan
te passen aan de nieuwe temperatuur. Daarna heb je het pas koud als je daadwerkelijk uit het water stapt.

Vervolgens jogden we 400 meter naar de douches en tegelijkertijd dronken we een kopje groene thee.

Hoewel de thee bijna koud was, waren onze lichamen zo koud dat het echt warm voor ons aanvoelde en de douche hielp ons onze lichaamstemperatuur weer normaal te maken.

Tijdens het ontdooien kunt u zich misschien een beetje ziek voelen, maar dit is gewoon iets mentaals. Je kunt je ook duizelig voelen, en ik heb geleerd dat je in dergelijke situaties niet moet gaan zitten, omdat ze dan kunnen flauwvallen en tot blessures kunnen leiden.

Winter zwemmen

Tijdens het zwemmen hielden we elkaar nauwlettend in de gaten en praatten we de hele tijd met elkaar om te zien dat de partner op het goede spoor was en zich niet duizelig voelde of op de een of andere manier problemen met spraak had.

We hebben ook voor elke duik gecontroleerd of beide 100% in orde waren en dat we ons niet ziek voelden of op de een of andere manier fysieke beperkingen hadden. We waren bezorgd en zorgden ervoor dat we elkaar niet onder druk zetten, waardoor we onszelf naar risicovolle gebieden zouden kunnen duwen die we in deze extreme situatie misschien niet aankunnen.

We hebben dit nooit meegemaakt, maar waren ons er terdege van bewust dat als de gesynchroniseerde zwembeweging niet in perfecte coördinatie werkte, dit een teken was dat ons lichaam stopte en dat het het beste was om uit het water te komen.

Als je direct na het zwemmen met sprongen of squats begint, loop je het risico dat je Past Rescue Collapse krijgt. Je zou het bewustzijn verliezen en achterover op de grond vallen, waarvan wordt aangenomen dat het gebeurt omdat het bloed koud en dik wordt, waardoor het moeilijk wordt om de hersenen te bereiken.

Wat je uit geluk doet, fungeert normaal gesproken als levensondersteuning in extreme situaties als deze.

Soms lijkt het op zich moeilijk om uit het water te komen vanwege de koude lucht. Andere keren, toen we de metalen ladders beklommen, zou het bevroren metaal onze huid aan het metaal doen kleven, en het bevrijden van de hand uit een dergelijke situatie bleek een vrij moeilijke taak te zijn. Dit gebeurt omdat het water op ons lichaam in die situatie ongeveer 2-3 graden Celsius is, terwijl de lucht om ons heen gemakkelijk rond de -17 graden Celsius of lager is, dus als onze huid in contact kwam met het metaal, zou het onmiddellijk bevriezen.
Na een tijdje veranderden we de lengte van 1000 meter naar 600 meter en uiteindelijk naar 300 meter waar we in plaats daarvan baantjes zouden zwemmen.

Terwijl we het water in gingen, doken we altijd eerst met onze handen. Toen we probeerden in het water te springen, maar na zelfs een meter of twee, zou het erg koud worden. Dus hebben we wat tests gedaan om te zien wat er gedaan kon worden om dit op te lossen.

We sprongen eerst met onze voeten in het water en terwijl je dat doet, klap je met je armen als je het oppervlak bereikt zonder gesynchroniseerde beweging die verband houdt met je ademhaling.

Dit veroorzaakte het gebrek aan het verlies van onze gecontroleerde ademhaling en we begonnen eigenlijk voor het eerst te hyperventileren. Na een paar seconden focussen, controleerden we de ademhaling opnieuw, maar realiseerden ons dat springen in de voeten met water eerst nog erger is dan eerst met je hoofd springen.

Een ander ding bij het duiken is dat het water eerst je centrale zenuwstelsel raakt en met de snelheid van elektriciteit is je hele lichaam klaar om de situatie aan te pakken. Als je eerst met je voeten springt, duurt het veel langer voordat je lichaam klaar is voor de uitdaging.

Zelfs nadat we de afstand hadden verkort, werden we koud en onze huid voelde daardoor aan als kettingpantser. Na een tijdje werd ons lichaam weer wat losser en werd het makkelijker om een paar minuten te zwemmen.

Toen gebeurde er iets waarvan ons altijd werd verteld dat het niet mocht gebeuren. We hebben allemaal gehoord van 'survival instinct'; het is een fenomeen waarbij ons onderbewustzijn de controle over ons lichaam overneemt om ons in leven te houden. Direct nadat we in het water waren gesprongen, nam ons onderbewustzijn het bijna over vanwege dit instinct, omdat we een uitweg wilden vinden. Maar aangezien we erop voorbereid waren, vochten we ertegen en hielden we ons bewustzijn en in plaats daarvan gingen we zwemmen. Als ik op dat moment was gestopt met zwemmen, was ik waarschijnlijk vredig naar de bodem gezonken.

Op dat moment was het ons duidelijk hoe belangrijk onze vastberadenheid om het doel na te jagen was om ons in leven te houden. We bleven zwemmen totdat we dat doel bereikten, namelijk de rand van het open water, waar het ijs het bevroren meer overnam.

Zoals ik al zei, waren onze tenen en vingers diep zen. Toen we terugliepen naar kantoor, voelden onze tenen als kraken tegen het asfalt eronder.

De volgende keer hebben we dit probleem echter opgelost met neo-prene handschoenen en sokken.

Tijdens het zwemmen realiseerden we ons dat het echt belangrijk was om de hersenen niet te veel te laten bevriezen. Je kunt de achterkant van je hoofd opgezwollen krijgen en het doet continu veel pijn. Ook was het natte haar van het duiken in het water een probleem. We hebben het opgelost door een rubberen badmuts te dragen. Het water circuleerde niet in direct contact met ons hoofd, wat ons hielp om de temperatuur op peil te houden. We droegen echter nog steeds zwembroeken, maar we hebben
een laag toegevoegd om het contact met water te minimaliseren.

Toen de watertemperatuur daalde, konden we de verandering van zelfs 0,5 Celsius voelen en konden we meer gedetailleerd analyseren en begrijpen hoe dit ons beïnvloedde.

Een heel interessant resultaat was het gevoel dat we ongeveer 30 minuten na het zwemmen kregen. Terwijl we zwommen leken onze hersenen alle andere gedachten te laten vallen en concentreerden we ons op slechts één ding: in leven blijven.

Ons brein spoelde alle actieve gedachten door en concentreerde zich op overleven, waardoor onze herinneringen echt wazig waren. Onze geest was leeg toen we uiteindelijk uit het water stapten, en we konden later zien dat ons brein op volle capaciteit werkte om te proberen ons te concentreren op die ene taak, waardoor het andere gedachten verliet.

Nadat we uit het water waren gestapt, hebben we wat push-ups gedaan voordat we terug naar het kantoor renden en een douche namen. Vervolgens maakten we ons klaar en toen we de kleedkamer uit stapten, voelden we ons alsof we de uitdaging hadden overleefd en ons hele lichaam ontspannen.

Wanneer je in koud water springt of een koude douche neemt, buigt je lichaam elke spier in je lichaam intensief. Je hele lichaam krijgt een training, niet door gewichten op te tillen, maar simpelweg door de spieren te buigen. Na een tijdje past het lichaam zich aan en ontspant het de spieren. Hierdoor voelt je hele lichaam volledig ontspannen aan.

Een ander ding dat ons lichaam ervaart na zo'n oefening, is dat de energiereserves die we aanhouden leeg zijn, en dit is interessant omdat we ons mentaal bewust worden van hoeveel energie we nog over hebben als het bijna leeg raakt. Maar hoewel we misschien denken dat het alleen maar onze hersenen zijn die ons ertoe verleiden te geloven dat we geen energie meer hebben, terwijl dat in werkelijkheid niet het geval is. We kunnen dit meerdere keren doorlopen voordat we daadwerkelijk zonder energie komen te zitten.

Dit is wat er gebeurt als je naar de sportschool gaat. Je tilt het gewicht bijvoorbeeld op 18 kg dumbbells en je doet 15 reps. Nu zegt je geest dat 15 genoeg is en dat je niet meer dan 15 herhalingen kunt maken. Je kunt bijna altijd tegen jezelf zeggen dat je er nog 2 kunt doen als er iemand naast je staat. Als die persoon zich niet terugtrekt maar je helpt door gewoon je elleboog aan te raken, kun je er waarschijnlijk nog 3 doen. De persoon die je helpt, tilt niet eens een kilo op, maar je hersenen denken dat je hulp krijgt en daarom meer energie kunnen produceren.

Dus waar komt die energie vandaan?

Bij nader inzien is het duidelijk dat de energie die we kunnen produceren is opgesplitst in verschillende containers en in verschillende situaties kan worden gebruikt.

Het is het gemakkelijkst als volgt uit te leggen: als persoonlijk veiligheidsniveau 1 wordt geschonden, gebruik dan depot 2 om de situatie te stabiliseren. Depot 2 kan niet worden gebruikt als persoonlijk veiligheidsniveau 1 niet daadwerkelijk wordt geschonden en daarom heb je geen controle of zelfs mentale kennis over het bestaan ervan totdat je elk stukje energie in het depot dat veiligheidsniveau 1 is opgebruikt.

Als we zwemmen, doorbreken we bijna al deze 'persoonlijke veiligheidsniveaus' en kunnen we dus alle energie gebruiken die ons lichaam kan produceren of heeft gereserveerd voor kritieke situaties.

Als we klaar zijn, ervaren we een uniek soort gevoel dat je het beste kunt omschrijven alsof je een week slaapt en dan helemaal ontspannen wakker wordt. Je lichaam voelt als nieuw en je voelt je ongewoon ontspannen.

Vet verbranden

In het koude water moesten onze lichamen constant warmte produceren om de lichaamstemperaturen zo hoog mogelijk te houden. Om warmte te produceren, verbrandt ons lichaam vet om meer energie te produceren.

We hebben ons nooit gerealiseerd hoe effectief deze oefening zou zijn om onnodige vetten te verwijderen, maar als we naar de resultaten keken, waren we echt geschokt toen we ons voor een spiegel controleerden.

Nu, Dag noch ik ben het soort persoon dat te veel onnodig vet in ons lichaam heeft, dus toen ons lichaam geen vet meer had om te verbranden als gevolg van een poging ons in leven te houden, begon het ook spieren te verbranden.

Dit was niet echt iets wat we wilden. Dus nadat we dit beseften, probeerden we ons lichaam elke dag voor het zwemmen met snel eiwit te vullen, zodat ons lichaam dat in plaats daarvan zou gebruiken, wat hielp om de situatie te stabiliseren.

Wat we hebben geleerd over zwemmen in koud water

In oktober hebben we contact opgenomen met de Zweedse reddingsmaatschappij op zee en met een persoon genaamd Anders gesproken en hem beschreven wat we deden. Hij vertelde ons wat hij wist, maar ook dat hij niet veel wist over wat er in water onder de 10 gebeurt.C.

We zijn tot het vriespunt in het water blijven zwemmen en het water komt rond de 2.C net voordat het verandert in schilferig ijs en vervolgens in vast ijs.
Als een persoon onvrijwillig in het water valt, kan hun lichaam onmiddellijk in een shock raken en kunnen ze beginnen te hyperven-tileren, wat er snel toe zou leiden dat de persoon flauwvalt in het water, wat vervolgens tot verdrinking leidt.

Het is echter heel anders als je opzettelijk in het water springt, omdat je genoeg tijd hebt om je mentaal voor te bereiden en waarschijnlijk niet in shock raakt. Dat gezegd hebbende, je hart zal
veel harder werken en het bloed zal veel trager worden dan normaal. Het is dus erg belangrijk dat u geen enkele medische geschiedenis rond het hart heeft als u dit wilt proberen.

Als je hevig rilt, zorg er dan voor dat je lichaam bijna geen brandstof meer heeft om warmte te produceren, en het kan gevaarlijk zijn om nog langer in het water te blijven. Sta je snel op vanuit een zittende positie, dan val je waarschijnlijk flauw. Wanneer je weer bij bewustzijn komt, heb je waarschijnlijk het gevoel dat je dronken bent en dat je balanssysteem niet goed werkt.

Gevolgtrekking

Als je op het punt staat iemand in het water te redden, zwem dan op je rug met het slachtoffer op je borst.

Als u zich in een situatie bevindt waarin een boot onder kan gaan of als u het risico loopt in het water te vallen, is het veel beter om de mentale beslissing te nemen om in het water te springen, omdat dit uw overlevingskansen enorm vergroot.
Duik in het water en spring niet eerst met je voeten.
Gebruik handschoenen en sokken van neopreen.
Doe het niet alleen, doe het met iemand die je vertrouwt.

Wat ik heb geleerd van mijn zwemervaringen, is dat alles mogelijk is. Heb doelen. Meerdere doelen hebben is nog beter, maar leer ook eerst te focussen op het dichtstbijzijnde doel, zodat je op koers kunt blijven en die doelen efficiënt kunt bereiken.

Waarom je Destiny hacken

Dit boek is geopend met het concept van het hacken van je lotsbestemming, dus laat me er wat dieper op ingaan voor het geval je de antwoorden op natuurlijke wijze nog niet via dit boek hebt gevonden.

Maar voordat we ingaan op het concept van het lot, wil ik eerst praten over wat ons maakt wie we zijn. Dit is misschien een meer spirituele of filosofische vraag waar de meesten van ons waarschijnlijk op een bepaald moment in het leven of op een ander moment over hebben nagedacht. Als ik praat.

over "mij" of een andere persoon, we zien dat als één entiteit; een persoon is wie hij of zij is, toch?

Ik heb mezelf tijdens mijn leven op veel verschillende manieren gepusht in pogingen om meer over mezelf te leren of misschien opnieuw te bedekken wie ik ben, of wie we zijn wat dat betreft. Volgens mij bestaat de 'ik' uit 5 elementen. Ik zal hieronder proberen uit te leggen met een paar voorbeelden van wat ze zijn en hoe ze in verschillende situaties met elkaar omgaan.

1. Mijn vrije wil.
2. Mijn intellectuele denkkracht en eerdere ervaringen.
3. Mijn onderbewustzijn.
4. De hersenen.
5. Het lichaam.
6. Blijf in leven, beschermingssysteem.
7. De geest van mij, de ziel.
8. De energie van mij, het onderbuikgevoel, het 6e zintuig.

Voorbeeld 1: Als ik besluit om te stoppen met het eten van suiker, heb ik nog wel enige tijd behoefte aan suiker. Dit zijn mijn hersenen die de controle over mijn vrije wil proberen over te nemen en mij vertellen om weer suiker in mijn systeem te krijgen, aangezien de hersenen leven van snelle koolhydraten en het luiste en meest energie verbruikende orgaan in het lichaam is.

Het kan zelfs proberen mijn lichaam te bewegen als ik andere gedachten heb, in een poging de beweging te beheersen om het gemakkelijker te maken om wat suiker te krijgen.

Ik kan dan naar binnen gaan en de controle over mijn hersenen nemen en de drang mentaal verlagen.

Voorbeeld 2: In de sportschool kan ik tijdens het sporten definiëren hoeveel herhalingen ik van die specifieke oefening wil doen.

Het is gemakkelijk om er 10 te kiezen, maar om mezelf te pushen, kies ik er misschien 12 en dan probeer ik mijn lichaam over te halen om bij te blijven. Maar ik tel niet van 1-12, want dat geeft mijn hersenen aan dat ik mijn barrière probeer te doorbreken.

Dus in plaats daarvan verdeel ik het in kleinere delen om het gemakkelijker te maken. Bijvoorbeeld, 4x3 herhalingen zonder pauze, tijdens de oefening zal mijn lichaam met mijn hersenen spreken en zeggen dat het ok is om te stoppen. Na een korte tijd zullen de hersenen het er dan mee eens zijn, omdat ze altijd denken dat het goed is om energie te besparen in geval van nood of gevaar. Dit was iets dat in ons lichaam was ontwikkeld toen we holbewoners waren en 'echte' levensbedreigende gevaren kwamen vaker voor dan tegenwoordig.
Op dat moment is het aan mijn vrije wil, die al redeneerde met mijn intellectuele geest onder mijn controle en waar ik tot de conclusie kwam en het doel van 12 herhalingen definieerde.

Ik vertel dan mijn geest om te stoppen met klagen en mijn geest zegt dan dat mijn lichaam moet doorgaan, alsof ze hun poging om van gedachten te veranderen opgeven.

Voorbeeld 3: Laten we aannemen dat je een reep chocola hebt. Je zegt tegen jezelf dat je maar één hap krijgt en deze voor later bewaart. Hier gebruikte u uw vrije wil om een beslissing te nemen. Maar zodra je die ene hap neemt, proberen je hersenen de controle over te nemen. Het zal ervoor zorgen dat je nog een hap wilt hebben. En dan nog een.

Nogmaals, dit komt omdat de hersenen lui zijn en altijd snelle koolhydraten willen, en suiker is een van de gemakkelijkste voor de hersenen om te gebruiken. Daarom probeert het uw eerder gedefinieerde beperking te overschrijven.

Voorbeeld 4: Stel dat u een verkeersongeval heeft. Een van de dingen die gebeuren is dat je geest, die normaal gesproken vol is met actieve gedachten en herinneringen, schoongeveegd wordt om je volledige denkkracht te gebruiken. Terwijl je dit doet, voelt het alsof de tijd vertraagt, maar in werkelijkheid is het gewoon dat je je gedachten helder maakt en al je zintuigen op één ding zijn gericht.

alleen de huidige situatie. Vervolgens blokkeert u vertoningen die niet relevant zijn voor de situatie; Kortom, alleen het verzamelen van informatie over de dichtstbijzijnde dingen en uw onderbewustzijn, is scannen naar dingen die uw huidige beperkte informatiebubbel zouden kunnen beïnvloeden. Als het iets vindt, zal de bubbel dat deel ook bevatten. Het kan bijvoorbeeld een tweede auto zijn die van een andere site binnenkomt en die u ook zou kunnen raken als u er niets aan doet. Maar je merkt de bomen aan de zijkant niet, omdat je onderbewustzijn al een dreigingsanalyse heeft gemaakt en heeft besloten dat de kans klein is dat die dingen een bedreiging kunnen veroorzaken in die microseconde.

We hebben delen ervan besproken in het hoofdstuk over de snelheid van gedachten zoals je je misschien herinnert.

Tijdens deze situaties maken uw hersenen snelle en gerichte berekeningen en controleren ze de beweging van uw lichaam en al het andere om ervoor te zorgen dat de 'gastheer' in leven blijft. Zonder de 'gastheer' zal het in leven blijven-systeem sterven, wat het enige gedefinieerde doel is dat nooit wordt geaccepteerd.

Je lichaam heeft ook opgeslagen energie in energiereserves; u zult er nooit toegang toe hebben met uw intellectuele geest. En het 'blijf in leven'-systeem houdt ze zelfs voor uw kennis verborgen. Ze worden bewaard voor wanneer ze nodig zijn en ze hebben geweldige krachten.

In combinatie daarmee heeft het lichaam ook adrenaline waardoor je lichaam voor een korte tijd nog sterker, sneller en alerter wordt.
Uit mijn persoonlijke ervaringen kan ik zeggen dat wanneer de reserves van "de energie om in leven te blijven" zijn uitgeput, er, voor zover ik weet, nog twee lagen verborgen energiereserves zijn, die weer verborgen zijn en pas bekend als je je in een situatie bevindt waar alle eerdere reserves zijn uitgeput.

Er zijn zoveel meer voorbeelden die ik je kan geven, maar probeer in plaats daarvan zelf na te denken over wat voor soort situaties je kunt tegenkomen en hoe je daarmee wilt omgaan. Ik ben ervan overtuigd dat je elke dag meerdere situaties zult vinden, maar het kan even duren voordat je weet hoe je moet zien wanneer het gebeurt.

Het begrijpen van deze lagen is een van de sleutels om je lot te hacken; om te begrijpen waarom de dingen zijn zoals ze zijn en hoe je leven evolueert zoals het is.

Door deze lagen te begrijpen, zul je het net zo nuttig vinden als toen je voor het eerst het verschil tussen je voeten en je handen begreep. Ze worden allemaal voor verschillende dingen gebruikt en zijn geweldig in hun ding, maar ze zijn niet overal goed in. Ze zijn sterk in combinatie en die combinatie ben JIJ.

Neem even de tijd en denk daar eens over na! Wees trots dat het niet uitmaakt wie je bent, je bent uniek, geweldig en kunt alles doen. Dus, gebruik je vrije wil om een doel te definiëren, gebruik je intellectuele denkkracht om een plan te maken, en werk je lichaam en je onderbewustzijn om aan dat plan te werken.

Wat je zult zien, is dat je brein weer begint te interfereren, omdat het lijkt alsof je plotseling meer energie verbruikt voor nieuwe activiteiten; en zoals je je herinnert, zijn de hersenen het meest luie deel van je lichaam. Het wil gewoon energie besparen voor alle situaties en situaties.

[LIJM:]

Hier zijn enkele manieren waarop u dit zelf kunt ontdekken. Je zult zien hoe de verschillende elementen die ik noemde proberen controle over je te krijgen.

Doorloop de volgende lijst om inspiratie en ideeën op te doen over mogelijke onderwerpen om aan te werken. Probeer verschillende diëten om je geest te activeren en op verschillende manieren te reageren.

Ketogeen dieet: Je geest zal je vertellen om alles met koolhydraten te eten, je lichaam zal je vertellen dat je moet slapen om energie te besparen en je zult nauwer contact hebben met de verschillende lagen die we zojuist hebben besproken.

Vasten: Als je een of twee maaltijden overslaat, zal je geest je vertellen dat je alles moet doen om eten te krijgen. Je voelt je depressief en verliest interesse in dingen die je eerder interesseerden. Je zult verrast zijn hoe je overlevingsinstinct je creatiever maakt om ervoor te zorgen dat je aan de eisen van je lichaam voldoet.

Stop een slechte gewoonte, roken, suiker, alcohol of andere verslavende gewoonten. Luister naar je hersenen en je lichaam. Wat zegt het? Wat probeert het je te laten doen? Ben je het eens met wat het zegt of word je in een richting geduwd die je niet hebt gekozen?

Volgens een experiment dat voor het eerst werd uitgevoerd door Dr. MacDou-gall in 1907, waarbij hij het lichaam van een paar patiënten voor en na hun dood mat, is het gemiddelde gewicht van een menselijke ziel 21 gram. Sommige mensen denken misschien dat dit waar is en anderen misschien niet, maar aangezien dit experiment meer dan 100 jaar geleden werd uitgevoerd, kunnen we niet veel zeggen over de authenticiteit of betrouwbaarheid ervan.

Ik ben geen expert op dit gebied, maar ik geloof dat ik wel een ziel heb, hoewel ik niet zou zeggen dat het deel uitmaakt van mijn fysieke lichaam en.

daarom zou het hoogstwaarschijnlijk geen gewicht hebben. Toch geloof ik dat het er in een of andere vorm is.

De ziel is geen definitie van onze bestemming. Destiny is een woord, onthoud dit om mee te beginnen. Het is een woord dat is uitgevonden, net als het woord onmogelijk. Het is uitgevonden om iets te beschrijven en in dit geval is de betekenis van het woord volgens de meest vertrouwde woordenboeken ter wereld:

"De gebeurtenissen die in de toekomst noodzakelijkerwijs met een bepaalde persoon of ding zullen gebeuren." **-Cambridge**.

'De kracht waarvan sommige mensen denken dat ze bepaalt wat er in de toekomst gebeurt, en die buiten de menselijke controle ligt.'
"Het lot van een persoon is alles wat hem of haar tijdens zijn leven overkomt, inclusief wat er in de toekomst zal gebeuren, vooral wanneer wordt aangenomen dat het door iemand of iets anders wordt beheerst."

"Destiny is de kracht waarvan sommige mensen geloven dat ze de dingen beheersen die met je gebeuren in je leven."

Maar toen ik wat meer onderzocht rond dit specifieke woord, vond ik veel tegenstrijdige verklaringen zoals:

lotsbestemming

GāVWjQL
Oorsprong

Middelengels: van Oud-Franse bestemming, van Latijnse desti-nata, vrouwelijk voltooid deelwoord van destinare 'make firm, establishment'.

Mijn conclusie is dat het woord lotsbestemming, dat afkomstig is uit het Frans, is uitgevonden om iemand te beschrijven die op een vaste bestemming was om een feitelijke staat voor zichzelf vast te stellen, wat voor mij klinkt alsof we het woord 'bestemming' verkeerd gebruiken manier tegenwoordig.

Destiny is geen vooraf gedefinieerde staat die we niet kunnen manoeuvreren of die we niet kunnen beïnvloeden of veranderen. Het beschrijft een potentiële toekomst, maar een toekomst die u zou kunnen beheersen of zelfs de controle zou kunnen verliezen. Je kunt veranderen tijdens de reis van je leven en je eigen toekomst bepalen.

Ik heb veel verschillende onderwerpen in dit boek behandeld, maar om het allemaal samen te vatten, heb ik het geschreven om je te inspireren om je lot in eigen handen te nemen, je eigen doelen te definiëren en je ervan bewust te zijn dat je het pad hebt gekozen dat ernaar leidt.

"*Reis voorbij je horizon en je zult merken dat er geen grenzen zijn. Alleen eindeloze mogelijkheden.*'

-Karl Lillrud

De reis van dit boek

Toen ik dit boek begon te schrijven, had ik geen idee hoe lang ik dit boek eigenlijk wilde hebben, maar aangezien ik een goed boek wilde schrijven, wist ik dat een paar pagina's niet voldoende zouden zijn. Door dynamisch te werken met een mindmap kon ik mijn inspiratie vrij laten stromen, en in een later stadium kiezen welke onderwerpen ik graag combineer en in het boek opneem. Door dit te doen, heeft het me ook geholpen mijn geest open te stellen en ruimte te maken voor nieuwe ideeën en andere interessante dingen.

Ik wil je bedanken dat je me zoveel van je zeer gewaardeerde tijd hebt gegeven. Ik heb ervoor willen zorgen dat de tijd die u hebt geïnvesteerd in het lezen van dit boek op vele manieren een positieve uitkomst heeft, en dat u de juiste tools en kennis verwerft die u kunnen helpen bij het nemen van beslissingen die u tijd en geld besparen. proces, een betere en veel efficiëntere levensstijl ontwikkelen.

Voel je ook vrij om me feedback te sturen via een van mijn contactopties. Ik ben dol op de feedback! Sommige zijn misschien wel hard, maar zolang de feedback en niet alleen kritiek is, is het iets waar ik van kan leren en waaruit ik kan evolueren. Zelfs de leraar leert elke dag van hun leerlingen.

Na het afronden van het boek, stel ik voor dat je de tijd neemt om echt na te denken over de nieuwe dingen die je misschien hebt geleerd door dit boek te lezen en te proberen uit te zoeken welke punten je kunnen helpen je eigen leven te verbeteren en hoe. Pas mijn methoden aan om in uw leven te passen en nieuwe dingen te doen. Neem je telefoon op en voeg over drie maanden een notitie toe aan je agenda, zodat je na drie maanden terug kunt kijken en kunt nadenken over welke manieren je hebt verbeterd en op welke manieren je nog verder kunt verbeteren.

Zet nog een notitie op de kalender, maar over een jaar staat dat je je tijdschema moet herzien en je verbeteringen en succes moet vieren. Dit helpt om jezelf op koers te houden gedurende een grotere tijdspanne.

Tenslotte. Wat is het volgende? Je weet nu veel over mij en mijn ervaringen. Waar zou je meer over willen weten? Als je advies, tips, ideeën, reflecties, lijmtests of wat je maar wilt delen nodig hebt, neem dan gerust contact met me op.

Waarom denk ik dat het goed is om je eigen boek te schrijven:

Zoals ik in de intro schreef, is dit boek een project dat ik mezelf heb opgedrongen, net zoals ik je aanbeveel. Door dit te doen, heb ik veel vragen gevonden die ik mezelf wilde stellen en ook de antwoorden daarop gevonden. Het heeft veel voor mij betekend en ik heb er veel van geleerd.
Ik moedig je aan om te beginnen met een korte presentatie over waarom je denkt en handelt zoals je doet, of hoe het komt dat je waarde hecht aan de dingen die je waardeert. Je begint dan jezelf, de mensen om je heen en je algehele leven in een nieuw licht te zien.

Ik hoop dat je na het lezen van dit boek een nieuwe kijk op het leven krijgt en misschien nieuwe vragen en antwoorden in jezelf vindt, waardoor je dieper gaat nadenken over wie je werkelijk bent.

Mijn doelen

Mentor

Zoals u inmiddels weet, vind ik het erg leuk om mensen te helpen en mijn ervaringen en bevindingen te delen op manieren die hen kunnen helpen en ondersteunen. Als een persoon met ervaring op veel verschillende gebieden, ik.

kan vaak ideeën en tips bespreken met bijna iedereen die over bijna elk onderwerp praat.

Als consultant is mijn profiel geëvolueerd van een expert naar een mentor, iemand die mensen naar succes leidt.

Als je meer wilt weten over het mentorprogramma, neem dan je telefoon op en ga naar www.karllillrud.com en plan nu het eerste gesprek met mij. Stel het niet uit; doe het nu, want dit is de belangrijkste boodschap die ik u via dit boek kan geven: tijd is geld.

Investeerder

Ik leef voor ideeën, maar persoonlijk kan ik ze niet allemaal alleen uitvoeren. Daarom maak ik graag deel uit van toekomstige ideeën als investeerder en adviseur.

Als u op zoek bent naar investeerders, leest u daar ook meer over op mijn website.

Ik houd mijn geest altijd actief door verschillende ideeën uit te voeren; sommigen noemen het misschien ondernemingen en anderen noemen ze startups. Met beperkte tijd ben ik altijd op zoek naar mensen die de kracht en interesse hebben om samen met mij fantastisch en creatief werk te doen.

Een vaardigheid beheersen

De 10.000-urenregel van Malcolm Gladwell stelt dat het 10000 uur werk / training voor een specifieke taak kost voordat iemand een expert is in wat hij of zij doet. Dit is een nummer dat werd bereikt op basis van onderzoeken naar verschillende schakers, violisten, tennissers, enz.

Voor mij kostte het me 15 jaar in het werk om te vinden wat ik wilde doen. Het kostte me 15 jaar om te geloven in mijn eigen capaciteiten en mijn manier van denken. Tegenwoordig ben ik 40 jaar oud en mijn enige echte advies is om nooit te blijven vragen waarom.

Geef geen fuck

Luister naar iedereen, maar leer niet van iedereen. Zelfs als sommigen hun kennis delen, betekent dit niet dat hun kennis past bij waar je bent in je leven en in de dingen die je doet. Maar luister, want je zou er in de toekomst op een of andere manier een nut voor kunnen vinden.

[LIJM:] Mantra

Schrijf je eigen mantra's op papier en herhaal ze keer op keer; hang het op de muur, zodat je ogen er elke dag langs gaan en herhaal het in je onderbewustzijn.

Ontwerp een paar mooie affirmatiekaders die je aan de muur of in een lijst op je tafel kunt hangen.

De mijne zijn:

- Niets is onmogelijk.
- Geef nooit op.
- Er zijn meer wegen dan de meest voor de hand liggende of voorheen bekende.
- Leer elke dag.
- Zoek alternatieve oplossingen.
- Zorg ervoor dat mijn familie niet in de tweede kamer is

Eerste vs. laatste indruk

Het beeld dat je aan het begin van het boek zag, is van mij, de auteur. Na zover gelezen te hebben, denk ik dat je me waarschijnlijk een beetje beter kent dan toen je aan dit boek begon. Daarom wil ik dat je de oefening vanaf het begin herhaalt, waarin ik je vroeg om de belangrijkste punten op te schrijven die in je opkomen als je naar de foto kijkt.

De sleutel is, nogmaals, om op te schrijven wat je direct denkt en je gedachten niet te veel te verwerken, laat je innerlijke geest gewoon tot je spreken en schrijf het op. Ik noem het de test Eerste indruk versus Laatste indruk. Dit helpt om te begrijpen welke delen van iemands karakter ons opvallen en hoe dit de eerste indruk beïnvloedt.

Je kunt nu de twee lijsten die je hebt gemaakt vergelijken en zien hoe je gedachten over mij zijn veranderd. U kunt dit toepassen op

ook je leven, en kijk hoe mensen je zien tijdens de eerste interactie om meer te weten te komen over wat er over jou opvalt en hoe je dit zou willen veranderen.

Als je het niet erg vindt, zou ik graag willen dat je de twee lijsten die je voor mij hebt gemaakt, deelt. Je kunt ze gewoon uploaden op Instagram en mijn handvat '@keynotekarl' eraan taggen, of je kunt me vinden op LinkedIn met mijn naam, Karl Lillrud, en het met me delen.

Ik ben erg benieuwd naar uw eerste indruk en kijk of dat is veranderd door deel te nemen aan deze reis op zoek naar antwoorden samen met mij.

Tools die ik gebruik:

Mindmeister: Webgebaseerd en app voor mindmapping, krachtig en gebruiksvriendelijk tegelijk.

https://www.mindmeister.com/

Google apps: Het voor de hand liggende cloudgebaseerde kantoorpakket, er zijn ook alternatieven zoals Office 365 en Zoho.

https://gsuite.google.com/

Cloud opslag: Google Drive is de voor de hand liggende keuze die u kunt gebruiken als u hun app-suite gebruikt. Overweeg om Drop-box als een apart alternatief te bekijken.

Degoo: 200 GB aan online clouddrive, perfect als extra back-upoplossing.

https://degoo.com/keynotekarl

Grammaticaal: Spelling- en grammaticacontrole met kunstmatige intelligentie en natuurlijke taalverwerking.

https://app.grammarly.com/

LastPass: De wachtwoordbeheerder die versleutelde wachtwoorden genereert en opslaat die u vanaf elk apparaat kunt openen. https://www.lastpass.com/

2Doe: iPhone-app met alle functies waar u van kunt dromen voor takenlijsten, inclusief GPS-positionering, die u eraan herinnert wat u moet doen wanneer u zich op een specifieke locatie bevindt.

Luisterboek-apps zoals Storytel, Amazon en Audible: Audiobooks gestreamd naar uw smartphone met de mogelijkheid om de afspeelsnelheid te verhogen.

Spreeder: Web App die je lezen extreem versnelt.

https://www.spreeder.com/app.php

Als dit dan dat is: Web-app die ik gebruik om veel automatische taken te beheren en te volgen waar ik zin in heb, bijvoorbeeld een specifiek woord in mijn LinkedIn-feed, probeer het eens of gebruik veel van de kant-en-klare recepten.

http://ifttt.com/
Buffer: Webapp die ik gebruik om mijn berichten te publiceren op de sociale-mediasites die ik gebruik en met de mogelijkheid om in te plannen wanneer de berichten klaar zijn.

https://buffer.com/

99designs.com: Ontwerp taken die u tegen lage kosten in contact brengen met een enormehoeveelheid grafische ontwerpers die uw logo, visitekaartjes of wat dan ook in grafische vormgeving kunnen doen.

Het handige van 99designs is dat je taak wordt uitgevoerd als een competitie waarbij verschillende freelancers strijden om je prijzengeld en waarbij er slechts één de winnaar wordt genoemd van het prijzengeld dat je hebt ingesteld bij het publiceren van het project.

Qua outsourcing gebruik ik ook Guru, Freelancer, Fiverr en People per uur. De keuze van het platform hangt af van wat ik wil doen, welk budget ik heb en hoeveel tijd ik moet besteden.

Ik publiceer veel kleine taken om testruns te doen, om gegevens of klantverwachtingen en -vereisten te verzamelen voordat ik een nieuwe onderneming start. En met de middelen die deze platforms bieden, kan ik mijn bedrijfsidee beter analyseren voordat ik er veel geld in ga investeren.

Mindfulness, slaapanalyses en ademhalingsapps

Ik zou willen zeggen dat dit iets is dat je zelf moet ontdekken, omdat het nogal persoonlijk is. Download een paar apps en speel ermee en stel een doel in, laten we zeggen dat je 3 keer per dag één app gebruikt om te zien of je het leuk en prettig vindt.

Degenen die ik heb gebruikt zijn:

Om mijn slaappatroon te analyseren gebruik ik
https: //www.sleepcycle. com /

Om je ademhaling te trainen en te leren mediteren, raad ik je aan de app Headspace https://www.headspace.com/ te downloaden

In het volgende boek waar ik aan werk, zal ik nog veel meer tools bespreken en hoe u ze in detail kunt gebruiken, dus zorg ervoor dat u naar https://www.karllillrud.com/ gaat en u abonneert op de toekomstige boekversies.

Citaten

Citaten zijn iets waarvan ik denk dat je er een tweede blik op moet werpen. Ze werken als affirmaties en inspiratie. Ze helpen je gefocust te blijven en te geloven in wat je doet.

Zoek degenen die je kracht geeft en kom er zo nu en dan op terug, het kan zijn dat je ze in een lijst aan je bureau of aan de binnenkant van je kledingkast hebt of ergens anders waar je ze zo nu en dan ziet vervolgens.

Hieronder staan enkele citaten die me echt hebben geïnspireerd in moeilijke tijden en me hebben geholpen mezelf als persoon te verbeteren. Ik hoop dat je ze in je leven kunt accepteren en ook van kunt leren.

- **Er wordt vaak gezegd dat "Achter elke grote man een sterke vrouw staat"**

Ik heb onlangs een andere gehoord die nieuw voor me was, maar ook heel waar was: "Achter elke succesvolle man staat een verraste vrouw."

- **'Alles kan worden gekopieerd, behalve je passie.'**

Denk hier even over na. In plaats van alleen maar te lezen en akkoord te gaan, realiseer je je al snel dat dit een grote waarheid is en iets om naar te leven. Als je een passie hebt, kun je doen waar je in gelooft, maar als je geen passie hebt, kun je gemakkelijk worden verslagen door je concurrenten.

- **"Doe het met passie of helemaal niet** -Rosa Nochette Carey

Het is zo waar, doe altijd de dingen waar je gepassioneerd over bent, want daar krijg je de beste resultaten en het meeste uit je leven.

- **"Ze wisten niet dat het onmogelijk was, dus deden ze het"**

-Mark Twain

Ik ben dol op deze van Mark Twain, het is de essentie van waar ik het zoveel over heb, vertel niet iedereen over beperkingen, en ze zullen ze niet volgen of worden tegengehouden.

We zijn bijna aan het einde van dit boek, maar we zijn nog lang niet aan het einde.

Ik heb verschillende boeken geschreven en ik denk dat als je tot nu toe hebt gelezen, de andere boeken je misschien ook interesseren.

Ga naar www.KarlLillrud.com om ze allemaal te vinden en abonneer je om op de hoogte te worden gehouden van toekomstige releases.

Heeft u interesse om het volgende boek gratis te ontvangen?

Neem dan gewoon een selfie met jou en het boek, het audioboek of het e-boek en stuur me een korte notitie met wat je er leuk aan vond als een getuigenis dat ik je toestemming heb om te gebruiken in mijn marketing.
Om mijn dankbaarheid te tonen, geef ik je mijn volgende boek gratis!

Ik ben persoonlijk zo dankbaar en blij dat je mijn boek hebt gelezen. Ik wil altijd dat je meer geeft, en zelfs als we op de laatste pagina staan, heb ik je nog meer te geven.
Door https://www.karllillrud.com/hacking-your-destiny/ extra's te bezoeken, vind je de digitale extra's die ik heb voorbereid om meer uit de lijmoefeningen te halen, alleen voor jou die mijn boek hebt gelezen.

Ga het bekijken om nog meer te halen uit de investering die je in jezelf hebt gedaan door Hacking your destiny te lezen.

Ik nodig je ook uit om hier deel te nemen aan mijn online mentorprogramma en zo nu en dan geef ik gratis sessies. Ga gewoon naar het menutabblad op www.KarlLillrud.com en boek uw eerste sessie.

Volg mij op sociale media:
https://www.linkedin.com/in/karllillrud/
https://www.instagram.com/keynotekarl/
https://twitter.com/karllillrud

Help me je te helpen!
Een van de belangrijkste dingen die je moet leren, is luisteren, dus nu je naar me hebt 'geluisterd' door mijn woorden te lezen, luister ik graag naar je.

Kunt u mij alstublieft vertellen wat u van dit boek vindt. Wat vond je leuk?
Waar wil je meer over weten?
Wat kan ik voor jou doen?

Je kunt het vanaf je telefoon of je computer doen door naar https://www.karllillrud.com/hacking-your-destiny/feedback te gaan

Dit is niet het einde,
dit is het begin!

www.ingramcontent.com/pod-product-compliance
Lightning Source LLC
LaVergne TN
LVHW041518170726
843492LV00005B/1572